资助项目：北京旅游发展研究基地项目；北京市自然科学基金资助项目"北京市制造业服务化转型模式与协同发展战略研究"（9182006）

北京旅游发展研究基地 标志性成果

SHENGCHANXING FUWUYE FUWU ZHANLÜE YANJIU

生产性服务业服务战略研究

刘林艳 ◎ 著

北京·旅游教育出版社

责任编辑：贾东丽

图书在版编目（CIP）数据

生产性服务业服务战略研究 / 刘林艳著. -- 北京：旅游教育出版社，2019.6
ISBN 978-7-5637-3962-2

Ⅰ．①生… Ⅱ．①刘… Ⅲ．①生产服务－服务业－战略－研究－中国 Ⅳ．①F726.9

中国版本图书馆CIP数据核字（2019）第103255号

生产性服务业服务战略研究

刘林艳　著

出版单位	旅游教育出版社
地　　址	北京市朝阳区定福庄南里1号
邮　　编	100024
发行电话	（010）65778403　65728372　65767462（传真）
本社网址	www.tepcb.com
E - mail	tepfx@163.com
排版单位	北京旅教文化传播有限公司
印刷单位	北京虎彩文化传播有限公司
经销单位	新华书店
开　　本	787毫米×1092毫米　1/16
印　　张	8.5
字　　数	128千字
版　　次	2019年6月第1版
印　　次	2019年6月第1次印刷
定　　价	35.00元

（图书如有装订差错请与发行部联系）

目 录

第一章 生产性服务业概述 ·· 1
　一、生产性服务业的概念 ·· 1
　二、生产性服务业的发展趋势 ·· 5
　三、中国生产性服务业的现状 ·· 7

第二章 生产性服务业供应链运作研究 ······································ 11
　一、服务供应链概述 ··· 11
　二、服务供应链研究进展 ··· 12
　三、生产性服务业服务供应链运作案例 ····································· 19

第三章 生产性服务业服务战略理论研究 ···································· 26
　一、市场导向的演变 ··· 26
　二、产品主导与服务主导的市场 ··· 29
　三、服务导向市场下的竞争 ··· 34
　四、服务化战略 ··· 39
　五、供需互动研究 ··· 47

第四章 生产性服务业服务战略案例研究 ···································· 54
　一、W 公司服务战略案例 ··· 54
　二、F 公司服务战略案例 ··· 61

第五章 会展业进入资本市场新战略 ·· 73
　一、会展业运营战略环境 ··· 74

1

二、内部分析之运营优势 ································· 77
　　三、内部分析之资本劣势 ································· 81
　　四、外部分析之发展机会 ································· 83
　　五、外部分析之运营挑战 ································· 85
　　六、建议对策——SWOT 组合分析 ···················· 87

第六章　会展企业服务战略案例分析 ····················· 91
　　一、研究背景 ·· 91
　　二、ZK 网案例分析 ······································ 92
　　三、CBE 案例分析 ······································· 99
　　四、案例启示 ·· 109

参考文献 ·· 111

致　谢 ··· 131

第一章 生产性服务业概述

20世纪80年代以来，在经济全球化浪潮的推动下，西方发达国家的制造业纷纷被转移到发展中国家，与此同时，服务经济，尤其是生产性服务业得到迅速发展以适应全球化经营带来的挑战。西方发达国家从"工业经济"进入"服务经济"时代，生产性服务业成为驱动区域发展和经济增长的有力动力。在这个过程中，生产性服务业概念也逐渐引发学术界普遍讨论，学术界对其外延进行了深入但仍然具有争议的确认。

一、生产性服务业的概念

（一）生产性服务业的内涵

1966年美国经济学家格林菲尔德（Greenfield）在研究服务业及其分类时，最早提出了生产性服务业（producer services）概念。20世纪60年代以来，国外学者关于生产性服务业的内涵方面的研究主要有两个出发点：要素密集度和服务功能。

很多学者从要素密集度的角度分析，得出了迥然不同的定义，从各个侧面勾勒出生产性服务业的全貌。马库普（Machlup，1962）认为生产性服务业应该是知识产出产业，供给各种专业知识。布朗宁和辛格曼（Browning and Singleman，1975）进一步指出，生产性服务业包括金融、保险、法律、商务和经纪等知识密集型专业服务。马歇尔（Marshall，1987）把生产性服务业看作直接或间接从事市场中交易的专业信息业，其供给与需求的地点不一定相同。瑞德等（Reid et al.，1991）更直接地指出生产性服务业就是商业服务业。

从服务功能的角度分析，汉森（Hansen，1994）认为，生产性服务业作为商品生产或其他服务的投入而发挥着中间功能，提高生产过程中不同阶段产出价值和运行效率，包括上游的活动（如研发）和下游的活动（如市场）。格鲁伯、沃克（Grubel and Walker，1989）提出，生产性服务是指为其他商品生产企业和服务供应企业提供中间投入的服务，是生产企业财富形成过程的中介，并强调生产性服务企业服务对象是生产者，而不是消费者。斯图尔和马登（Stull and Madden，1990）认为生产性服务业是涵盖中间产出的服务，也就是协助企业或组织生产其他产品及劳务，而非提供给私人或家庭消费。朱利夫（Juleff，1996）进一步指出生产性服务业作为一个产业，依靠于制造部门，并满足制造业需求。

可见，生产性服务这一概念的内涵已经为国内外普遍认可，即，生产性服务业是指为保持工业生产过程的连续性、促进工业技术进步、产业升级和提高生产效率提供保障服务的服务行业。它是与制造业直接相关的配套服务业，是从制造业内部生产服务部门而独立发展起来的新兴产业，本身并不向消费者提供直接的、独立的服务效用。它依附于制造业企业而存在，贯穿于企业生产的上游、中游和下游诸环节中，以人力资本和知识资本作为主要投入品，把日益专业化的人力资本和知识资本引入制造业，是二、三产业加速融合的关键环节，是推动现代经济增长的重要力量。

（二）生产性服务业的外延

早期学者在生产性服务业外延方面基本形成共识，即传统生产性服务业包括银行和金融、商业保险、房地产和商务服务（financing, insurance, real estate and business services，简称FIRE）等行业。布朗宁和辛格曼（Browing and Singleman，1975）在对服务业进行分类时提出，生产性服务业包括金融、保险、法律、工商服务、经纪等具有知识密集特点和为客户提供专业性服务的行业。马歇尔（Marshall，1987）则将生产性服务业划分为与信息处理相关的服务业（如流程处理、研发、广告、市场研究、摄影、传媒等）、与实物商品相关的服务业（如商品销售和储存、废物处理、设备安装、维护和修理等）、与个人支持相关的服务业（如福利服务、保洁等）。在后来的研究中也有一些学者（Daniels，1985）提出将货物存储与分配、办公清洁和安全服务包括在其中。

随着信息技术的发展，生产效率大大提高，企业组织形式也不断演进。近期发展起来的高级生产性服务业（advanced producer services，简称APS）包括广告、市场调查、会计师事务所、律师事务所和管理咨询等服务业。与充当"资本经纪人"角色的传统生产性服务业不同，现代生产性服务企业不仅规模较小，而且定制化程度高，大多从事商业活动抽象分析业务，属于知识密集型，充当"知识经纪人"角色。

生产性服务业概念的外延之所以一直较为模糊的原因在于两个方面：一方面，各国之间产业分类存在差异，生产性服务业恰是建立在产业分类的基础上的；另一方面，不同国家间产业分类存在统计口径差异，统计水平不一。因此，各国产业分类的差异导致了对生产性服务业外延的不同界定。在现实统计中，诸如交通运输服务、银行、法律咨询等生产性服务业，也同时具有消费性服务业的属性，是一个综合体。下表中列出一些国家和组织对生产性服务业的一级分类，从中可以看出不同国家对其分类存在很大差异，德国的生产性服务业包含较少的行业，而OECD、中国、加拿大则包含较多行业。

表1-1 各国生产性服务业一级分类

国别	生产性服务业一级分类
美国	金融、保险、房地产、商业服务、法律服务、会员组织和其他专业服务
德国	运输、仓储、销售及管理研发等
英国	批发分销业、废弃物处理、货运业、金融保险业、广告、研发、贸易等
日本	管理服务、医疗、休闲、家政相关服务等
加拿大	金融、保险、房地产、商业服务（法律、会计、计算机服务、广告）、建筑业（项目管理和土地利用）、人员培训
中国	金融、房地产、租赁和商务服务、信息传输、计算机服务和软件业、科学技术服务、交通运输、仓储和邮政业
OECD（经济合作与发展组织）	会计、管理顾问、建筑工程服务、设备管理服务、研发服务、环境服务、计算机与信息科技服务、法律、财务咨询、广告和人员培训

按照《国务院关于加快发展生产性服务业促进产业结构调整升级的指导意见》（国发〔2014〕26号）和《国务院关于印发服务业发展"十二五"规划的通知》（国发〔2012〕62号）的要求，我国的生产性服务业包括为生产活动提供的研发设计与其他技术服务、货物运输仓储和邮政快递服务、信息服务、金融服务、节能与环保服务、生产性租赁服务、商务服务、人力资源管理与培训服务、批发经纪代理服务、生产性支持服务。

（三）生产性服务业的特征

现代生产性服务业作为服务业的重要组成部分，具有服务业的一般属性：生产服务是无形的，非实物性；不可贮存性；生产、交换、消费同时进行，不可独立分离。同时，生产性服务业还具备一些独有的特征，主要体现在以下四个方面。

1. 生产性服务业是一种中间性投入

在生产性服务业的内涵中，中间投入是核心含义。生产性服务业是市场化的非最终消费服务，是作为其他产品和服务生产的中间投入的服务，是面向生产的服务，常常体现为被服务企业的最重要的生产成本。由于它能够把大量的人力资本和知识资本引入商品和服务的生产过程当中，因此构成了现代产业发展中竞争力的基本源泉（高传胜，刘志彪，2005）。正因为生产性服务业具有上述与其他产业截然不同的性质，瑞德（Riddle，1986）认为，生产性服务业是促进其他部门增长的过程产业，是经济的黏合剂，是便于一切经济交易的产业，是刺激商品生产的推动力。中间投入的特性是现代生产性服务业的本质属性，决定了生产性服务业的交易特征、产出特性、空间布局和产业关联状况。

2. 生产性服务业是一种知识密集型产业

现代工业生产是一个迂回程度非常高的生产过程，在生产过程中已经融合了越来越多的生产性服务作为中间投入要素，并且生产性服务业是把智力资本引入工业生产部门的媒介和飞轮（格鲁伯，沃克，1993）。迂回生产中，生产链条被拉长，各个环节都需要大量科学技术知识，附加价值增大，知识资本、人力资本投入需求增大，因而作为中间投入的生产性服务也越重要。

OECD（1999）指出，知识经济是建立在信息科技基础上的服务型经济，包括制造业中的高科技工业以及知识密集型服务业。信息服务业、科技中介服务业的兴起和信息网络技术的广泛应用彻底改变了传统生产性服务业的性质，使知识密集型现代生产服务业成为生产过程的重要载体。知识密集意味着较多的人力资本存量，也表明生产性服务业与传统服务业的区别。此类产品或服务往往具有专利性、专业性、异质性。

区别于消费性服务业，由于是一种中间投入，生产性服务业以知识资本和人力资本作为主要投入对象，产出的知识和技术含量较高。不仅在生产的每一个过程中，需要具有专业知识的人员进行综合规划、整合与控制等工作，而且在资源配置与流通领域也需要专业的人员参与。因此，现代生产性服务有很强的专业性，其价值体现在利用专业知识，借助物质资本、各类优秀的技术和服务人员，为生产过程提供全面个性化、定制化的整体性服务。

3. 生产性服务业具有较强的产业关联性

由于中间投入的特点，生产性服务业还具有较强的产业关联性。产业关联是指某一产业与其他产业的相互关系，包括前向联系（与吸收产出的部门之间的联系）和后向联系（与提供投入的产业之间的联系）。

在工业型经济时代，由于生产服务越来越广泛地被动参与到生产制造过程中，生产性服务业逐渐从充当"润滑剂"的管理功能（如财务控制、存货管理和证券交易等）转变为一种推动工业生产各阶段高效运行以及增加产出价值（高附加值）的间接投入（如管理咨询、商业银行、房地产等）。在后工业时代，经济发展不仅仅依靠工业生产，服务型经济成为发展的主要驱动力，生产性服务此时更全面地参与到经济发展的各个层面而成为新技术和创新的主要来源和传播渠道，更多发挥战略功能和"推进器"的作用（如信息技术业、研发设计、金融中介、国际大项目融资等）。

生产性服务业与制造业的关系十分密切，如果从价值链构成的角度分析生产性服务业与制造业的关系，不难发现"生产服务是产品价值的重要构成部分和产品差异化的主要来源"（迈克尔·波特，1990），是企业竞争优势的来源。生产性服务的发展促进制造业生产效率，提高产品差异化程度，形成竞争优势；制造业的发展，则反过来对生产性服务产生更高需求。二者相互联系、相互作用。然而，近年来，随着信息通信技术的广泛应用和生产性服务业对生产提供服务的增加，生产性服务业与制造业的边界越来越模糊，出现了二者融合增长的趋势。作为中间需求性服务业，生产性服务业贯穿生产过程的上游、中游和下游环节，与国民经济各部门之间具有较强的产业关联效应。

4. 生产性服务业具有较强的集聚效应与溢出效应

生产性服务业与制造业类似，都具有集聚经济特征。从供给的角度分析，生产性服务业的集聚可以便利地获取技术、知识及人力资本等重要投入要素，而且在集聚区内，信息的丰富性和获取的便利性和基础设施的发达，都有利于企业降低交易成本。生产性服务业与制造业之间存在关联的正反馈效应，以迂回生产、集聚为特征的工业发展，必然带来对生产性服务企业配套发展的需求，刺激产业集聚和区域发展（张小军，石明明，2009）。

在区域布局上，生产性服务业比制造业更有明显的集聚效应，更倾向于城市化经济，所以其与城市化发展水平关系密切。在经济全球化和信息化背景下，生产性服务业主要分布在全球的大城市、都市圈里。高端生产性服务业或者通过跨国投资，在主要城市设立分支机构，或者集中在少数几个城市集中生产，对外出口。马库森（Markusen，1989）认为生产性服务业本身具有规模报酬递增的特性，大规模集聚在全球主要城市中。

二、生产性服务业的发展趋势

随着经济全球化的发展和世界生产性服务业规模的不断壮大，世界生产性服务业的发展呈现出以下特点和趋势。

1. 与制造业融合发展

现代生产性服务业与制造业相互促进、相互融合成为现代产业发展的一种趋势。制造业的国际营销网络的形成，就是聚集营销人才，进行研发产品、产品运输与储存、广告、保险、会计和法律服务等开发市场的过程，在这一过程的每一环节都伴生服务需求。换句话说，工业生产性服务业和制造业的关系正在变得越来越密切，这主要表现为制造业的中间投入中服务的投入大量增加。此外，制造业部门的功能也日趋服务化，主要表现为：一是该制造业部门的产品是为了提供某种服务而生产的，例如通信和家电产品；二是随产品一同售出的有知识和技术服务；三是服务引导制造业部门的技术变革和产品创新。

20世纪90年代以来，生产性服务业和制造业的关系正在变得越来越密切，制造业中间投入服务的比重大大增加。在企业整个价值链中，研究、设计、品牌营销、供应链管理等环节附加值和利润率最高，中间制造环节附加值则较低，位于"微笑曲线"的最低端。贯穿于生产过程中产前、产中、产后的三个阶段的生产性服务，在产品增值链中的比重越来越大，开始超过物质阶段创造的增值量。企业的经济活动正在由以制造业为中心逐渐转向以服务为中心。因此，生产性服务已经成为生产者所生产产品差异和增值的重要源泉，也是工业企业之间非价格竞争的决定性因素，技术密集型或知识密集型服务是其提高竞争力和效率的关键。

可见，生产性服务业与制造业的界限越来越模糊，出现相互渗透、融合的趋势。许多跨国制造业企业已经开始向服务型企业转型，如GE公司通过进入金融业为其客户提供贷款来刺激其产品的销售；HP公司通过兼并服务性企业，从而能够为客户提供从硬件到软件、从销售到咨询的全套服务；IBM公司在20世纪90年代成功由制造型企业转型为服务型企业，等等，均有力说明了工业生产性服务业与传统制造业融合发展的关系。

2. 产业链日益健全

世界上的生产性服务业逐渐形成完整的产业链。目前生产性服务业的竞争已不再是单个企业之间的竞争，而更多地表现为集群竞争、整个产业链竞争和产业配套能力的竞争。几十年来，生产性服务业在发达国家得到充分的发展，逐渐形成了一个完整的产业链，这条产业链能够为企业提供从产品立项到产品营销与服务的全方位支持。无论是大公司的成功转型，还是小型企业的异军突起，都必须在这条产业链中找到适合自身发展的位置。

生产性服务业作为货物生产或其他服务的投入，发挥着中间功能。它们提高了生产过程不同阶段的产出价值和运行效率，贯穿了从上游（如可行性研究、风险资本、产品概念设计和市场研究等）到中游（如质量控制、会计、人事管理、法律和保险等）和下游（如广告、物流、销售和人员培训等）的活动。换句话说，生产性服务业贯穿于生产、流通、分配和消费等社会再生产环节之中。一个生产企业在世界市场上保持竞争地位的关键是保持上游、中游和下游三个阶段的服务优势，因为贯穿于生产三个阶段的服务在产品价值链中开始胜过物质生产阶段。生产性服务，无论是内化服务（即企业内部提供的服务），还是独立服务（从企业外部购买的服务），都已经形成了生产者所生产的产品差异和增值的主要源泉，是保持竞争优势的关键。

三、中国生产性服务业的现状

1. 总体发展水平

我国近年来生产性服务业发展情况如表1-2所示。翁古小凤、熊健益（2016）在其文章《我国生产性服务业发展统计分析》中对2009—2013年中国生产性服务业的发展情况有系统的分析，具体内容包括中国生产性服务业的总体发展及其内部结构等。

表1-2 中国生产性服务业发展

年份	GDP（亿元）	第三产业增加值（亿元）	生产性服务业增加值（亿元）	城镇单位就业人数（万人）		生产性服务业贡献率（%）		
				第三产业	生产性服务业	对GDP增加	对第三产业增加值增加	对城镇单位就业人数增加
2009	340 902.8	148 038.0	82 556.0	6668.6	2341.2	—	—	—
2010	401 512.8	173 596.0	98 162.7	6898.6	2424.4	25.75	61.06	36.17
2011	473 104.0	205 205.0	116 989.5	7294.4	2613.4	26.30	59.56	47.75
2012	519 470.1	231 934.5	132 830.1	7649.5	2752.9	34.16	59.26	39.28
2013	568 845.2	262 203.8	160 103.9	8592.8	3411.9	55.24	90.10	69.86

数据来源：翁古小凤，熊健益. 我国生产性服务业发展统计分析[J]. 经济研究导刊，2016（30）：22-26.

2009—2013年间，我国生产性服务业增加值年均名义增长速度为18%，快于第三产业增加值15.36%（名义值）和GDP增加值13.66%（名义值）的增长速度。从增加值来看，由2009年的82 556亿元增加到2013年的160 103.9亿元；从城镇单位生产性服务业就业人数看，2009年只有2341.2万人，而2013年达到3411.9万人。生产性服务业对整个服务业增加值增加的贡献率在2009—2013年总体呈上升趋势，由2010年的61.06%（名义值）上升到2013年的90.1%（名义值）。

2010—2013年，第三产业对GDP增长（名义值）的贡献率各年分别为42.17%、44.15%、57.65%、61.3%，可谓贡献越来越大。

何强和刘涛（2017）的研究指出，生产性服务业增加值在2005—2016年的增速均值为15.91%，2016年达到8.67%，高出同年GDP增速近两个百分点；生产性服务业增加值占GDP的比重稳步上升，2016年达到25.75%，已经在第三产业中牢固占据半壁江山（何强，刘涛，2017）。

2. 内部结构状况

我国生产性服务业各行业对经济增长的贡献如表1-3所示：从对经济增长的推动看，批发和零售业、金融业贡献最大。无论是对GDP增长的贡献（11.8%）（2009—2013年简单算术平均，名义值），还是对第三产业增加值增长的贡献（22.6%），批发和零售业均处于领跑位置，金融业与其差距甚微；交通运输、仓储和邮政业，租赁和商务服务业，这二者对经济增长的贡献处于第二集团；科学研究、技术服务和地质勘查业，信息传输、计算机服务和软件业，这二者不相上下，处于殿后的位置。

表1-3 我国生产性服务业各行业对经济增长的贡献（单位：%）

年份	交通运输、仓储和邮政业		信息传输、计算机服务和软件业		批发和零售业		金融业		租赁和商务服务业		科学研究、技术服务和地质勘查业	
	对GDP	对三产增加值	对GDP	对三产增加值	对GDP	对三产增加值	对GDP	对三产增加值	对GDP	对三产增加值	对GDP	对三产增加值
2009	1.4	2.2	1.1	1.8	10.4	16.8	10.8	17.4	2.2	3.5	2.7	4.4
2010	4.0	9.4	1.2	2.8	11.2	26.5	5.3	12.6	2.6	6.2	1.5	3.6
2011	4.6	10.4	1.3	2.8	10.8	24.4	5.6	12.6	2.3	5.1	1.9	4.2
2012	4.8	8.3	2.6	4.5	12.8	22.3	8.1	14.1	3.1	5.4	2.8	4.8
2013	2.8	4.5	5.2	8.5	14.0	22.8	25.3	41.2	5.0	8.2	3.0	4.9
简单算术平均	3.5	7.0	2.3	4.1	11.8	22.6	11.0	19.6	3.0	5.7	2.4	4.4

数据来源：翁古小凤，熊健益.我国生产性服务业发展统计分析[J].经济研究导刊，2016（30）：22-26.

从吸纳劳动力就业的能力看，交通运输、仓储和邮政业以及批发零售业最强。表1-4反映出，交通运输、仓储和邮政业以及批发和零售业的就业人数之和约占整个城镇单位生产性服务业就业人数的一半，金融业处于中间水平，其他三个行业吸纳能力相对弱一些。

表1-4 城镇单位就业人数中生产性服务业各行业占比（单位：万人、%）

年份	交通运输、仓储和邮政业		信息传输、计算机服务和软件业		批发和零售业		金融业		租赁和商务服务业		科学研究、技术服务和地质勘查业	
	绝对数	占比	绝对数	占比	绝对数	占比	绝对数	占比	绝对数	占比	绝对数	占比
2009	634.4	5.0	173.8	1.4	520.8	4.1	449.0	3.6	290.5	2.3	272.6	2.2
2010	631.1	4.8	185.8	1.4	535.1	4.1	470.1	3.6	310.1	2.4	292.3	2.2
2011	662.8	4.6	212.8	1.5	647.5	4.5	505.3	3.5	286.6	2.0	298.5	2.1
2012	667.5	4.4	222.8	1.5	711.8	4.7	527.8	3.5	292.3	1.9	330.7	2.2
2013	846.2	4.7	327.3	1.8	890.4	4.9	537.9	3.0	421.9	2.3	387.8	2.1
简单算术平均	—	4.7	—	1.5	—	4.5	—	3.4	—	2.2	—	2.2

数据来源：翁古小凤，熊健益.我国生产性服务业发展统计分析［J］.经济研究导刊，2016（30）：22-26.

何强和刘涛（2017）的研究中以2013年为分界线分别进行分析，生产性服务业吸纳的城镇就业人员数量，在2004—2012年和2013—2015年期间基本保持平稳，大约分别为2100万人和3100万人。进一步从其细分行业来看，交通运输、仓储和邮政业吸纳的城镇就业人员数量，显著高于其余5个行业。生产性服务业吸纳城镇就业人员数量占全国城镇就业人员的比重，在2004—2012年大致呈现稳中有降态势，2012年达到6.69%，2013—2015年则基本稳定在8%。

尽管中国的服务业发展时间短，基础薄弱，且受认识偏见和客观发展约束，但是从发展历程上看，生产性服务业在国民经济中的地位和作用已经无可替代。生产性服务业内部结构日益优化，具有较高技术、知识和人力资本含量的现代生产性服务业投入规模较小，但一直保持增长，到2013年，生产性服务贸易内排在前三位的是金融业、批发和零售业、租赁和商务服务业。由此可见，中国的生产性服务业充满生机与活力，正处于蓬勃发展的初期，顺着世界生产性服务业发展的发展趋势，向现代生产性服务业迈进。

《中国制造2025》是我国在发展新阶段加快工业转型升级的战略安排，它不仅将助推我国制造业的提质增效，改善我国在全球产业链中的位置，而且将对转型全局带来深远影响。未来几年，我国由制造业大国变成以智能化为重点的先进制造业大国、强国，正面临着重大机遇与历史性挑战。我国工业转型升级面临的突出矛盾是以研发、设计、金融、物流、营销等为代表的生产性服务业占比太低，严重制约了高端制造业的发展和升级。目前我国生产性服务业占GDP的比重只有15%左右，相比之下，作为先进制造业强国的德国，其生产性服务业占GDP的比重在45%~50%。《中国制造2025》明确提出，积极发展服务型制造和生产性服务业，要求加快制造与服务的协同发展，推动商业模式创新和业态创新，促进生产型制造向服务型制造转变。大力发展与制造业紧密相关的生产性服务业，推动服务功能区和服务平台建设。会展业以其强大的经济和产业带动效应使其成为构建现代市场体系和开放型经济体系的重要平台，在我国经济社会发展中的作用日益凸显。基于此，以下本书将从生产性服务业供应链运作研究、服务化战略理论研究、典型生产性服务业服务展览案例以及新兴的生产性服务业——会展业的运营环境与战略创新案例几大方面进行分析。

第二章 生产性服务业供应链运作研究

一、服务供应链概述

经济发展从以生产制造为主逐渐转变为以服务为主导已经成为一种普遍现象。尤其是在供应链管理研究领域中，生产服务化背景下的传统产品制造供应链已不再适应供应链管理实践，学者们开始探讨以服务为主导的服务供应链（Ellram，Tate，and Billington，2004；Waart and Steve，2004）。在服务供应链中，人力是价值传递过程的重要组成部分，由于有人力的参与，服务产出的变动性和不确定性要高于传统制造供应链，服务的效率取决于能力、资源柔性、信息流、服务绩效以及现金流的管理（Ellram et al.，2004）。与以有形产品为基础的制造供应链相比，服务供应链强调服务导向。而从有关服务的特性（Zeithamal et al.，1985）也可以看出，以服务为主导的服务供应链有别于传统的供应链。目前，有关服务供应链的内涵，大致可以归纳为三类。

第一类是将服务供应链视为供应链中与服务相关的活动和环节。爱德华等（Edward et al.，2000）认为服务供应链中的活动不同于产品供应链，服务供应链中不会发生为了补充订单而增加库存的情况，企业可以通过调整服务能力来满足订单需求。瓦尔特和史蒂夫（Waart，Steve，2004）将服务供应链定义成为了能够支持公司产品的售后服务而对物料采取计划、挪移、维修等的全部流程和活动。桑普森（Sampson，2000，2006）认为服务供应链是双向的供应链，即客户也是供应商，并因此提出了客户—供应商二元性概念。客户—供应商二元性是指对于某项服务来说，客户是服务提供过程的供应商，可以提供物料、人力、服务标准等重要的投入。这些投入包括客户本身以及他们的思想，客户的所有物及（或）客户的信息。这也说明，在服务供应链中，客户的角色发生了变化，不再仅仅是产品的接受者。总体来说，这类服务供应链不是完全脱离于传统供应链，更像是包括了服务要素的供应链，是服务要素的供应链（Sampson and Sring，2012）。

第二类是将服务供应链单纯地归为生产性服务业或服务业务部门的供应链。杰克、凯西和艾米（Jack，Kathy，and Amie，2000）把服务行业的供应链管理称为服务供应链管理。田宇（2003）提出了以物流服务供应商为主导的集成物流服务供应链模式，构造了从物流服务供应商的供应商到集成物流服务供应商，再到制造、零售企业这一模式。胡正华、宁宣熙（2003）提出服务链是借助物流技术、系统工程以及现代信息技术等科学技术，以满足客户需求为目标，将服务的相关方面有机组织而形成的完整的服务网络。阳明明（2006）提出了港口服务供应链的定义，他认为服务供应链本质上是没有制造流程的，港口服务供应链是依托于港口，有效整合了服务供应商和客户，将正确的商品准确地配送到正确地点，进而达到成本最优的目标。

最后一类是将服务供应链视为以生产企业服务化为背景的集成服务供应链。巴尔塔克奥卢等（Baltacioglu et al., 2007）认为，服务供应链中，服务集成供应商承担了各种服务要素整合和全程管理的角色，为了能够及时响应客户请求并为客户提供集成化的服务，服务集成商需要将客户需求逐级分解，并向其他服务供应商外包部分服务活动。宋华（2012）将服务供应链定义为以服务为主导的集成供应链，服务集成商从事服务要素、流程环节的整合和全程管理。在服务供应链中，当客户向服务集成商提出需求后，服务集成商能够立刻响应客户需求，并且向客户提供集成化的服务，并且在需要的时候分解客户服务请求，向其他服务提供者外包部分的服务性活动，不同的服务提供者彼此合作，形成了一种供应关系。

在经历了对服务供应链的定义和内涵进行讨论这一阶段之后，随着服务供应链实践的发展，近年来学者们逐渐对如何实施和管理服务供应链的相关问题展开探讨和研究，本章梳理了近年来有关服务供应链研究的主要文献，回顾并总结了有关服务供应链的最新研究进展。

二、服务供应链研究进展

无论是将服务供应链视为供应链中与服务相关的活动和环节，还是将其归为生产性服务业或服务业务部门的供应链，抑或将其定义为以生产企业服务化为背景的集成服务供应链，服务供应链的本质和内涵都离不开服务主导逻辑（service-dominant logic）和服务化（servitization）。本章基于对近两年有关服务供应链研究的回顾与总结，发现随着服务主导逻辑和服务化的发展，有关服务供应链的研究也更为深入和细致，研究范围不仅包括服务供应链中价值创造方式的改变，也涵盖了制造企业在向服务集成商转变过程中面临的挑战，以及服务供应链运营等方面的问题。

1. 价值创造方式的改变

服务供应链正是企业在服务主导逻辑的导向下，实施服务化战略过程中应运而生的，反映了服务化对于企业供应链管理的要求。服务化战略需要有效的供应链管理。

市场导向从产品主导逻辑演化为服务主导逻辑，一方面是因为客户的行为发生了很大的变化，即客户不再是单纯的产品或服务的被动接受者，而是转变成产品或服务经营过程的参与者，能够主动积极地参与到价值的协同创造中（Vargo and Lusch，2008）。另一方面，采取服务主导逻辑，也是源于企业不断提升竞争优势的必要性，越来越多的实践和研究说明，通过服务，企业能够增强其竞争优势。然而在服务主导逻辑下，交易双方交换的不再仅仅是物质和产品，而是以整合操作性资源为主的服务（Vargo and Lusch，2008）。服务不再是可以直接交换的产品，而是在客户使用过程中产生的，是服务提供商与客户协同创造的产品。这种业务导向的根本性变化要求企业重新定义其提供的产品和服务，改变其思考和工作的方式。因此，如何在有效利用被操作性资源的基础上，通过整合企业内外的操作性资源提供客户满意的产品和服务，是企业在市场竞争中获胜的关键。有些学者（Grönroos，2008；Heinonen et al.，2010，2013；Grönroos et al.，2011，2014）甚至认为客户才是真正的价值创造者，企业所有的活动都是为了支持客户的价值创造流程；通过交易双方的互动，供应商也成为价值的协同创造者，在实现自身价值的同时，帮助客户完成价值创造。

服务化被认为是将服务有效地与生产相结合，进而能够创造一种可持续新竞争优势的运行模式。服务化是企业单独提供产品到提供产品和相关服务的改变，是一个价值增值的过程（Barnett et al.，2013）。采取服务化模式的企业，并不是简单地从提供产品向提供产品和服务转变，而单纯地增加服务数量更不是服务化的本质所在，服务化本身体现了创新的特性。服务化战略的实施要求企业为了实现目标，需要依靠多样化的利益相关者网络，采取相互关联、相互依赖的活动，这是一个供应商和客户持续互动的过程（Martinez et al.，2010），其过程很大范围上影响了企业的活动，从生产制造到创新。

服务主导逻辑与生产服务化概念的提出改变了看待企业在整个价值链中所发挥作用的视角，即价值创造方式的改变（Vargo and Lusch，2004，2008；Bettencourt，Lusch，and Vargo，2014），也使得服务供应链凸显出区别于传统的制造供应链的特点（宋华，2012）。这种价值创造方式的改变使得服务供应链参与方在价值创造过程中所发挥的作用、参与方之间的互动关系以及资源整合方式等方面都有别于产品制造供应链。

娜缇等（Nätti et al.，2014）探索性地研究了在进行协调创造价值中，服务提供商、服务购买方以及最终客户三者所发挥的不同作用。桑普森和斯林（Sampson and Spring，

2012）基于制造供应链中客户的八种传统角色，探讨了服务供应链中客户所扮演的角色，分别是部件供应商、人力资源提供方、工程设计者、制造经理、产品生产者、质量保证者、存货保管方以及竞争者。塞尔维亚里迪斯、斯普林和阿劳霍（Selviaridis, Spring, and Araujo, 2013）采用多案例研究方法，指出服务提供商可以参与到买方服务采购需求的定义过程中，帮助买方企业明晰其服务采购需求。但是，买方对于采购服务所感知的风险以及服务提供商与买方以往的交易经历将对双方之间的互动方式产生影响，进而影响到采购服务需求定义的方式以及服务提供商在整个服务需求定义中所发挥的作用（见图2-1）。

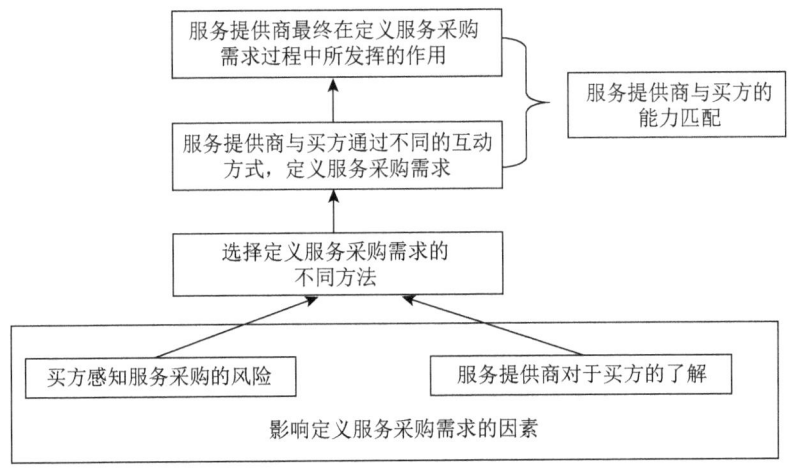

图2-1 服务提供商参与采购服务需求定义的理论框架

资料来源：SELVIARIDIS K, SPRING M, ARAUJO L. Provider involvement in business service definition: A typology [J]. Industrial Marketing Management, 2013, 42（8）: 1398-1410.

由于服务化过程本身即是不断解决短期和长期问题的反复过程；一方面，服务的价值不仅仅是服务者和客户之间的价值，而且还是所有供应链参与方资源整合以及收益与代价的平衡过程（David Ford and Stefanos Mouzas, 2013）。雅克拉拉埃莉娜和哈克（Jaakkola Elina and Hakanen Taru, 2013）研究了在向客户提供不同解决方案的过程中，各级供应商、服务集成商以及客户之间组成的不同网络，并进一步探讨了两种不同类型解决方案形成过程中，网络中各参与主体之间是如何通过互动，整合自身资源进而形成整体解决方案，并最终完成协同价值创造的。服务集成商在实现间接和直接资源与能力的整合，向客户提供基于产品的增值服务的同时，还需要重视对于供需双方互动关系的管理，在增强自身竞争优势的同时，提升服务供应商的绩效，才能实现服务供应链的可持续的平衡发展。帕塔宁（Partanen, 2013）的研究探讨了在特定的供应商—客户关系中,供应商的R&D(research and development,简称研发)服务以及供需双方的关系资本对于供应商绩效产生的影响。研究发现,供应商的R&D服务对于提升其绩效没有影响,但在关系资本的调节作用下,供应商的R&D服务能够显著提升企业的绩效;并且,供需双方的关系资本与供应商绩效之间也存在显著正相关关系。另一方面,服务供应链各参与方在协同创造价值过程中所能够投入的资源在某种程度上决定了其将获得的收益(Jaakkola Elina and Hakanen Taru,2013)。因此,为了成功实现服务供应链的协同价值创造,识别和选择那些能够对产品和服务创新做出贡献的供应商,并建立长期的协作关系也是至关重要的。已有实证研究表明供应商的技术特点、供需双方的协作态度以及供需双方关系的特点在一定程度上影响了其在买方产品创新过程中所做的贡献大小(Pulles,Veldman,and Schiele,2014),这为选择供应商提供了一定标准。成功的供需双方之间的长期合作关系,在一定程度上是企业的竞争优势。胡浩(Ylimäki Juho,2014)研究指出,即使是长期的供需双方协作关系,通过有效的管理,也可以实现动态的演变,以满足不同产品联合开发的需求。

2. 制造企业向服务集成商转变中面临的主要挑战

越来越多的企业采取服务化战略,从单纯地提供产品转变为服务或解决方案提供商,学者们也开始关注企业如何成为"真正的"服务集成商。在企业从单纯地制造产品转变为服务集成商的过程中,其产品和服务的角色将会发生很大变化。当企业成功转型为服务集成商后,产品则变成了传递服务的媒介,企业主要的利润和收益贡献来自服务。然而,市场中也有很多企业没有转型成功的现象,这些企业尽管也提供了大量的基于产品的服务,但是并未由此获得收益的增加和客户满意度的提升,相反还为此付出了额外的成本。不仅如此,向服务供应商的转变也要求企业在员工的技能、能力和技术等能力提升方面进行投资(Reinartz and Ulaga,2008),制造企业转变为服务供应商将会面临很大的挑战(Barnett et al.,2013)。卡斯塔利和鲁伊斯(Kastalli and Looyc,2013)研究了一家全球制造企业的44家全球子公司在2001—2007年向服务—产品提供商转变的过程,指出服务与企业绩效之间存在着非线性的关系,即企业开始提供服务时,能够显著提升其盈利水平,但是随着企业提供服务的规模增大,企业的盈利增长将有所放缓。肖挺等(2014)基于我国生产制造行业企业2003—2011年的相关数据,研究了服务化战略对企业绩效的影响,研究结果显示,不同行业的服务化与绩效之间的关系都呈曲线关系,并且也都曾出现了"服务化困境"的问题。

实践中，企业从产品制造商转变为服务提供商的过程是困难而进展缓慢的，尤其是在企业所提供的服务是很复杂的情况下，需要供应链不同组织间的相互合作。比克福尔维等（Bikfalvi et al.，2013）认为，与仅提供制造产品的企业相比，服务集成商更加强调企业间关系的建立和维护，企业之间形成的网络和协作是其成为服务集成商的必要条件。企业之所以不能成功地向客户提供产品及服务解决方案，大多数是因为这些企业没有能够改变组织的结构、动机和与其他相关组织的关系，比起内部组织关系来说，外部关系更需要双方的合作。科塔马基等（Kohtamäki et al.，2013）研究了工业企业提供服务与其销售增长之间的关系，以及网络能力对于这一关系的调节作用。基于芬兰制造企业的数据，研究结果显示，工业企业提供的服务与销售增长之间存在非线性的关系，即转变为服务供应商并不总能提升企业的业务绩效。然而，如果企业与其供应链合作伙伴之间具备良好的网络能力，那么企业所提供的服务能够显著影响其销售收入的提升，说明企业的网络能力能够促进企业通过服务创造价值。研究中网络能力涵盖了企业与其合作伙伴的协作，维护相互关系的能力，对于合作伙伴产品、市场、优劣势的了解，以及与合作伙伴间的沟通等维度。类似地，金·卡瓦斯吉尔和卡夫吉尔（Kim Cavusgil and Cavusgil，2013）基于184家企业的实证研究，指出在服务供应链中，企业为了能够及时、准确、有效地响应客户需求，不仅需要认清合作伙伴在价值创造过程中所发挥的作用，更重要的是要在战略上重视其关键合作伙伴，这在提高双方的战略协作水平的同时，最终能够促进企业成功地为客户创造价值。

此外，企业成功转型为服务集成商需要从基于生产产品的战略转变为基于提供服务的战略，这就要求企业重新思考价值创造的本质和流程（Vargo and Lusch，2008），选择适当的商业模式（Barquet et al.，2013），这要求企业在组织、人力等方面需要与服务化战略保持匹配。艾哈迈德等（Ahamed et al.，2013）研究了组织层面的因素对于企业成为服务集成商的影响，研究结果显示，组织愿景、领导类型以及组织营销都对服务化战略有效实施产生显著影响。图伦和芬恩（Turunen and Finne，2014）也认为组织的变革对于企业成为服务集成商具有重要影响。在服务供应链中，人力是价值传递过程的重要组成部分（Ellram，Tate，and Billington，2004）。乌拉加和洛夫兰（Ulaga and Loveland，2014）基于对38位销售总监的访谈，探讨了制造企业从产品主导转向服务集成商的过程中，销售人员所面临的挑战。文章研究了以下问题：在以服务为中心的商业模式下，企业战略的变化在多大程度上影响了公司的产品销售人员？"服务+产品"的模式，与销售产品的模式，在哪些方面表现出差异？在B2B市场中，销售人员需要哪些专业的技能才能够有效提升服务与产品的销售业绩？此外，作者还探讨了相比于优秀的产品销售人员，服务主导模式下的销售人员需要具备哪些性格特征才能获得卓越的业绩。

3. 服务供应链运营

近年来很多学者针对服务供应链的管理与运营展开研究。服务采购是服务集成商获取提供服务所需资源的重要方式，是服务供应链的重要业务流程，服务采购能够对下游客户产生影响（Vandaele and Gemmel，2007）。然而，比起产品采购来，服务采购更加困难，这与服务本身所具有的特性有关。普那等（Pemer et al.，2014）基于瑞典76家企业的数据，实证研究了企业采购专业服务正式化的前因因素，着重探讨采购专业服务企业的规模和服务采购的频次分别对采购专业服务正式化的影响，以及采购专业服务正式化与专业服务采购的能力之间的关系。弗里斯等（Vries et al.，2014）基于知识转移以及组织学习理论，研究了制造企业进行服务外包过程中，合同的不同特性以及双方关系的不同特性对于服务合作伙伴方知识分享的影响作用。其中，服务合作伙伴知识分享分为探索性（exploratory）和利用性（exploitative）两种类型。

物流服务能够提升企业的整体绩效（Leuschner，Charvet，and Rogers，2013），成功的第三方物流服务对于物流采购方以及提供方的品牌建立能够产生积极影响（Rahman，Melewar，and Sharif，2014）。洛伊施纳等（Leuschner et al.，2014）运用元分析方法，研究了第三方物流的关系治理结构与客户物流服务以及企业绩效之间的关系。研究结果表明，有效的关系治理结构不仅能够提升客户物流服务的水平，同时还积极地促进了企业运营、财务、市场等绩效的提升。刘伟华等（Liu Weihua et al.，2013）基于累计前景理论，提出了物流服务供应链中功能服务提供商的主观效用函数，并构建了两阶段的二级客户订单分配模型，目的在于最小化物流服务集成商的成本，同时能够最大化各功能服务提供商的效用。研究发现，服务集成商与功能服务提供商之间的合作是相对短期的，而不是长期的。

马克科南和梅尔维（Makkonen and Mervi，2014）基于焦点企业视角，探索性地研究了IT在战略供需关系中的作用。金·卡瓦斯吉尔和卡夫吉尔（Kim Cavusgil and Cavusgil，2013）通过实证研究指出服务供应链中合作伙伴间的IT一致性能够提升企业响应客户的水平，进而能有效地为客户创造价值。范和温斯特拉（Van der Valk and Wynstra，2014）研究指出，技术上同质的服务，会因为使用情境的不同，产生不同的供需双方关系；其中，情境的不同体现在采购决策和服务管理的设计上。

斯蒂尔、杜伯拉尔和尤因（Steel，Dubelaar，and Ewing，2013）研究了行业、组织以及客户等不同层面的因素对于客户关系管理（CRM）不同阶段的影响，以分析客户关系管理运行成败的影响因素；其中，作者将客户关系管理分为评估、设计、执行以及评价四个阶段。迪米奇和罗氏（Dimache and Roche，2013）给出了用以支持制造企业实施服务化战略的工具（TraPSS）。狄克逊和韦尔玛（Dixon and Verma，2013）研究指出，在服务领域中，服务的排程对于提高客户满意度、促进客户重复购买服务具有重要的作用。科尔特曼和德维尼（Coltman and Devinney，2013）认为，在为客户提供定制化的、商品化的服务过程中，为了能够满足客户需求，企业需要具备六项运营能力，分别是客户参与、跨部门协作、创造性的解决方案、运营水平的提升、IT基础设施以及专业化的服务交付。格鲍尔、帕约拉和萨卡尼（Gebauer, Paiola, and Saccani，2013）提出了四种服务网络类型：垂直售后服务、水平外包服务、垂直生命周期服务、水平整合服务，并且认为服务网络的形成与运行要求网络中的企业具备相应的动态能力和运营能力。

贝恩斯和莱特富特（Baines and Lightfoot，2014）对成功实施服务化的企业进行案例研究，归纳出制造企业实施服务化战略需要在技术和实践活动中关注的7个方面，即设施和选址、微观垂直整合、供应商关系、信息沟通技术、价值呈现、人力资源和技术、商业流程和客户关系。托马斯（Thomas，2013）探讨了在新产品研发过程中，供方与买方之间的多样化沟通方式分别对于双方知识交换以及买方新产品开发绩效的影响。此外，拉奥、埃利奥特等（Rao, Elliot Rabinovich, and Raju，2014）还研究了网上零售中分销服务的作用。

阿克曼和沃斯（Akkermans and Voss，2013）研究了服务供应链的牛鞭效应产生的原因，以及缓解牛鞭效应的相应对策。国内学者王康周等（2013）针对制造型企业实施服务供应链管理过程中出现的牛鞭效应以及生产服务管理过程中的相关问题进行了探讨。

在服务绩效管理方面，已有的研究表明，供应链管理可以减少资源的耗费，通过提高产品可得性和减少订单周转时间进而提升客户服务质量（Banomyong and Supatn，2011）。基于SCOR模型，吉亚纳基斯（Giannakis，2011）提出管理服务供应链的绩效测量包括了六个方面的维度，分别是竞争性、财务表现、柔性、资源利用、创新以及服务质量。赵东元等（Dong Won Cho et al.，2012）在服务绩效以及供应链绩效相关研究的基础上，提出了服务供应链管理的绩效衡量指标，并以酒店服务为研究对象，检验了不同指标的重要性；其中，服务供应链管理的绩效衡量涉及战略层面、策略层面以及运营层面。莱霍宁等（Laihonen et al.，2014）也研究了服务绩效的衡量及其特征，指出在衡量服务绩效方面需要考虑服务情境、客户方以及其他参与方。

三、生产性服务业服务供应链运作案例

从以往制造供应链的角度看，其网络结构主要是制造过程中的所有参与者，包括最终制造商、多级产品供应商、负责产品输送功能的第三方物流等经济主体，而其网络的结构则表现为水平结构（供应链的层阶数）、垂直结构（各层次内供应商、客户的数目）以及企业在供应链中的水平位置（处于供应链中的端点）。链接成员的纽带主要是物质产品的价值活动（如制造、运营、分销等）（Lambert and Cooper，2000）。服务供应链与制造供应链在网络结构上相似的地方，均涉及了三个结构维度。但也有差异，结合服务供应链自身特点，根据现有文献对服务供应链的研究，服务供应链模型是以服务为节点，以工作量为缓冲，以直接或间接服务供应商、整合服务集成商、直接或间接服务客户为成员，包括水平结构、垂直结构、水平位置三个维度以及管理、监控、非管理或非成员流程链接四种方式的，从初始供应商到终端客户的复杂网络。

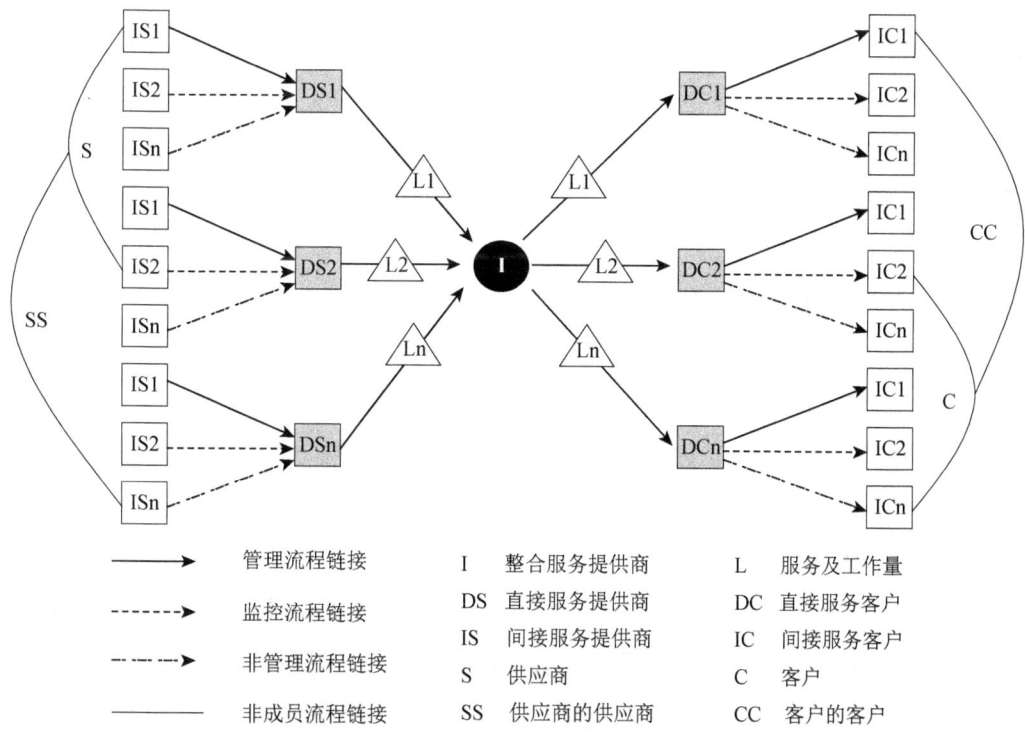

图 2-2　服务供应链的网络结构

资料来源：DOUGLAS M. LAMBERT, MARTHA C COOPER. Issues in Supply Chain Management [J]. Industrial Marketing Management, 2000 (29): 65-83.

在服务供应链交叉的水平和垂直网络结构中，服务集成商是整条服务供应链构建和管理的主导，通过对客户需求的预测和客户关系管理，把握需求的变动和更新，不

断开发和寻求新的价值增长点。如 Z 集团，其涉足实业、贸易、科研三大主业，目前已经形成了矿业、碳素、耐火材料、铁合金、装备制造五大产业，成功地实现了从传统商贸型企业向生产性服务企业的转型。Z 集团虽然跨多个业务领域，但均是围绕钢铁生产的流程，自身具备强大的专业化综合服务的提供能力。另外 Z 集团通过对供应商绩效的评价和供应商关系管理，整合间接和直接服务供应商的资源与能力，基于基本的产品和服务，创造增值服务，能够向客户提供完善的一体化服务。Z 集团是一个高度专业化的公司。专业化一是体现在 Z 集团内部众多产业专门为钢铁行业提供配套服务，二是体现在 Z 集团内部每一个产业又是高度专业化的，每一个部门集中力量高度专业化地发挥最大优势。所以它既拥有一个完整综合配套系统，又有一个与之相适应的专业化的子体系来支撑。表面看起来分散，实际上很集中，表面看起来很广，实际上面又很窄。所以宽和窄，松和紧，以及相关的专业化和分散，是互为一体的。

作为服务供应链主体的服务集成商的能力主要体现在以客户需求为导向的服务分解和集成管理上。根据对间接服务的实现方式不同，又将其分为服务外包和能力内化两种导向。以外包为导向的服务集成商将服务多级分解，由多级外部间接服务提供商来执行，强调对外部资源的整合管理；以内化为导向的服务集成商将关键"外部间接服务商"的能力实业化到企业内部，强调企业内部多业务模块的整合管理能力。为了更深入地阐述 Z 服务供应链的特点，下面我们将以外包和整合间接服务提供商为导向的服务供应链网络作为对比案例来说明。

如前所述，Z 集团的内部服务供应网络是 Z 集团价值创造金字塔模型的塔底，这一以十四个专业公司为主干、以地区公司为节点、以管控职能部门为内核、通过 ERP 系统（企业管理信息系统）支撑的信息平台形成的协作紧密的蛛网结构（spider model）是 Z 集团多业务模块协同运作得以实现的组织机制和结构保障。

（一）服务供应链网络内核

Z 集团的下属企业由专业公司、地区公司、生产企业和海外企业、科技企业组成。目前 Z 集团实行扁平化的管理。所有企业的战略、投资、财务、人事都是集团总部在控制，但同时企业在生产经营活动当中又有很大自主权和决定权，基本的生产经营活动，除非有些事项按集团统一，都是由企业自己来决定。就业务的运营管理来讲，企业发展部是 Z 集团服务供应网络的协调中心。涉及业务层面的，包括集团的战略规划、下属企业和新建企业的管理、供应商和客户的管理、业务协调和部门间的业绩考核等，都是由企业发展部来管理。涉及业务流程的信息和市场信息都会通过 ERP 系统汇总到集团中央的企业发展部，由它来监控下属企业之间的业务链接。比如专业公司和地区公司之间的协同经营就是由企业发展部来决策和调控。企业发展部的负责人员在访谈中说道：集团监控下的协同经营取得了明显的成效，在协同经营办法执行之前，当时所有的地区公司销售加起来不到50亿元，执行之后，地区公司的销售接近300亿，地区公司的积极性和作用一下就发挥出来了，而且他们之间现在配合的积极性比较高，相互之间配合得很好。

一旦地区公司和专业公司的业务出现交叉，企业发展部会协调二者，具体的调控方法有三种：第一，通过供应链上的分工规定来解决，虽然做的是同样的产品，但是地区公司和专业公司分别在不同的阶段，核心产品主干流程还是由专业公司负责，地区公司主要做贸易，面向具体客户。第二，通过客户分类解决：战略客户由专业公司负责，一般客户由专业公司委托地区公司协作完成，地区公司新开发的客户，就由地区公司直接对其做一些销售。第三，通过业绩考核制度，企业发展部对各地区公司规定业绩目标，不能完成业绩目标的地区公司将被关闭；另外在协同经营方面考核的时候，如果产品是从专业公司买来的，协同经营的考核会将这部分业绩翻番，这样有效地激励了地区公司和专业公司之间的协同合作。同时企业发展部也通过企业文化做大量宣传，提倡整个集团节约人力、财力、资源，尽量避免交叉，信息通过ERP系统汇总后，一旦发现交叉，企业发展部就会协调，地区公司和专业公司也会主动协调，有时会有一方主动退出。

（二）服务供应链网络主干

1. 服务供应链网络的主干——专业公司

目前，Z集团的专业公司主要定位在核心产品的进出口贸易、内贸，内部生产订单产生、地方公司采购、销售计划的制订方面。核心物资的海外采购也主要由专业公司承担。处于蛛网结构主干位置的14个专业公司分别是：Z贸易公司、Z炉料公司、Z钢铁公司、Z设备公司、Z投资公司、Z货运公司、Z矿业开发有限公司、Z招标有限责任公司、Z金信咨询有限责任公司、Z科技发展有限公司、Z期货经纪有限公司、Z物业管理有限公司、Z资产管理有限公司、Z天铁钢铁贸易有限公司。

Z集团坚持内部业务分工专业化、专业公司之间不发生业务交叉的原则，同时对业务流程中的各环节进行专业化分工，专业公司与地区公司、生产企业、科技企业、海外企业之间实现供应链对接，确定协同经营机制。

每个专业公司都是其所在行业的龙头，在整个业务架构里面专业公司处在一个很重要的位置，是整个服务供应网络的骨干支架。生产企业的产品通过专业公司销售，科技企业研发的一些产品也要通过专业公司销售出去，专业公司在地方又会通过地区公司销售和采购，而且在海外，又通过海外的企业来进口和向海外市场销售。所以说，专业公司相当于一个主干，它对Z集团整个架构起到支撑作用，是Z集团整个系统运作中非常重要的环节。Z集团作为服务集成商的综合能力就体现在专业公司的能力上。

专业公司通过专业化的方式建立，又因为业务的关联性彼此协同发展。其优势主要表现在：

第一，单个业务模块绩效提升。比如Z货运公司原来在国内业绩很普通，后来Z集团全系统的货运业务都是委托货运公司，各地方的仓库都由货运公司统一管理，包括所有货物的监管都由货运公司来承担。这样一来，一方面提高了货运监管安全性，减少仓库里的货物丢失概率；另一方面货运公司的业务取得了发展，海运的占有量从全国的20多位升至全国第3位，仅次于中海航货运；另外，基于这些已有的业务基础和形成的影响力，有效带动其他业务的成长。再如Z招标公司，当公司所有的招标业务都由招标公司来承担后，招标公司排名升至全国行业前列。

第二，多业务模块协同产生的内部供销渠道的优势作用。有的生产企业因为原料短缺面临停产了，但是在这方面Z集团拥有绝对优势，所有需要的原料，通过与集团内的专业公司沟通，可以迅速配齐运至工厂。主干专业公司支撑的内部供销渠道，促进生产企业的管理水平提升，减少交易成本。

所以说，Z集团内部的这种多元专业化促进了Z集团资源的有效整合，提升了其综合服务提供能力和竞争优势。近几年随着国有企业的发展，很多企业认识到这一点，要减少环节带来的麻烦。一个企业从和几家甚至几十家企业交易缩减到和Z集团一个企业交易，从而大大降低了交易成本。而且从Z集团的角度来看，对行业所有需求都能够提供，对其保障和责任也随之增强。因为Z集团提供的是多种产品和配套服务，在某种材料市场价格上涨的情况下，不会影响到整体合同的执行，这样能够更有效地保障客户信誉。

2. 服务供应链网络的节点——地区公司

地区公司负责Z集团非核心产品的购销，执行专业公司的核心产品采购/销售计划，执行内部订单，提供客户/供应商服务，进行区内市场研究和内部职能管理。Z集团的地区公司包括：Z集团天津有限公司，Z集团山西有限公司，Z集团辽宁有限公司，Z集团沈阳有限公司，Z集团上海有限公司，Z集团浙江有限公司，Z集团广东有限公司，Z集团深圳有限公司，Z集团新疆有限公司，Z集团安徽有限公司，Z集团四川有限公司，Z集团滨海实业有限公司。

Z集团下属的地区公司都是服务于专业公司的，针对区内客户的要求链接不同的专业公司。地区公司更接近客户，能及时得到和反馈市场信息，专业公司资源充足，在集团中央企业发展部的控管下二者可以有效地协同经营。根据集团规定，地区公司承担区内的事务，地区公司不从属于专业公司，一个地区公司会为所有的专业公司服务，但是不同的地区情况有所不同，例如某地区的铁矿多，则该地区公司与贸易公司的联系多；若铁合金多，则该地区公司和炉料公司联系多。地区公司是 Z 集团系统内部最灵活的一个部门，地区公司的设立首先要以市场资源和渠道能力作为前提。除了上海、天津、深圳三个由原来办事处转型的地区公司，其他的都是根据业务情况设定的，设立之前企业发展部会根据市场情况设定业务绩效（基本标准是开设当年，销售收入达 5 亿元，利润达到 5 百万元）。如果设立后 2 年完不成任务，这个公司就会被关闭。这些公司所有的人员全部都是市场化的，一年签一次合同，而且地区公司的房子都是以 Z 集团的名义买的，设立地区公司不存在资产处理的问题。正如上海地区公司某负责人所谈到的，地区公司经营的产品范围没有限定，就像蜘蛛在做网，集团把所有的产品目录都下发给地区公司，目的就是让地区公司针对客户宣传集团的产品目录，在这个宣传过程中给客户提供信息，同时得到反馈信息后及时向集团总部反映。

所以，形象地说，如果说专业公司是蛛网的主干，那么处于网中节点位置的地区公司就是织网的小蜘蛛，这些不可或缺的小蜘蛛，搭建了业务公司之间的网络链接，与集团中央的企业发展部共同织建了一张细致而紧密的蛛网，使集团的资源整合优势得以最大程度的发挥。

（三）服务供应链网络平台

ERP 系统是一种可以提供跨地区、跨部门甚至跨公司整合实时信息的企业管理信息系统。它在企业资源最优化配置的前提下，整合企业内部主要或所有的经营活动，包括财务会计、管理会计、生产计划及管理、物料管理、销售与分销等主要功能模块，以达到效率化经营的目标。Z 集团将二级企业的人事、财务、发展战略、投资项目、客户管理全部集中到集团统一管理，提高了 Z 集团的管控能力。在建立现代生产性服务业的过程中，Z 集团在国内率先建立了 ERP 系统，目前一期和二期项目建设已经完成，覆盖了 Z 集团国内所有的公司，海外正在做第三期的准备。

ERP 系统所支撑的网络信息平台是集团整体管控和业务协作得以实现的保障，它是 Z 集团服务供应网络——蛛网结构的神经网络，通过下属公司的协同服务将其激活。在服务供应链管理中，信息流在识别需求和共享信息等方面发挥着关键作用，也表现在服务水平、工作状态、工作边界、服务技能、绩效反馈等方面。信息化建设是对 Z 集团其他三大战略的有效支撑。ERP 系统支持 Z 集团实现了管理集中统一、经营协同规范。运用集约化的管理思想，在集团总体的战略规划下，立足三大主业，集中整合集团的优势资源，提高集团综合运营能力。这不仅强调集团的各个业务环节间的分工、协作，更强调集团总部对于整个集团资源的监控和整合、经营协同和信息共享。

ERP作为Z集团服务供应链网络的链接平台，其主要作用表现在三个方面：一是打造了集团统一的管理平台，通过统一的信息化规划，确定统一的数据标准、统一的经营流程、统一的管理平台以及统一的管理模式；二是通过统一的信息化建设，实现人财物供产销一体化及上下游一体化的资源整合，实现企业的资金流、信息流、物流三流合一；三是支撑了集团跨平台跨地域的管控，Z集团的信息化建设通过构建集成统一的信息化管理平台支撑集中管控体系，建立了完善的业务流程管控体系和信息共享机制，加强集团对专业公司和地区公司的管控能力和对整个系统资源的配置。

（四）服务供应链网络结构

成功的企业不但懂得附加价值并传递给客户，更注重努力创造新价值——与供应商、合作者、战略联盟、竞争对手、员工、客户等共同产生价值。新锐的企业领导人已经把价值链放在一边了，转而去营造价值星系。战略分析重心已不仅在于企业，甚至不在于产业，而在于整个价值创造系统，重新评估当今经济发展中重要的两大资源——知识（组织的能力）和关系（组织的客户）；需要利用高效率的信息科技，不断重组业务系统，重新排列各重要角色在自己的商业星系中的关系。Z集团强大的综合服务提供能力并不是体现在大而全，小而全上，而正是对关键的环节服务和要素的专业化，并与客户、供应商、科研院校和金融机构等联盟、合作伙伴一起协作实现的。具体讲，根据资源整合对企业自主创新作用机制原理，要充分发挥资源整合对企业自主性创新能力的提升作用，必须从多方面加以配合和努力。如Z集团以委托开发、联合开发、委托审核等方式，充分借助大专院校、科研院所力量，与自有的研发力量相互补充，形成联合技术开发创新网络。再如，Z集团与中国建设银行、光大银行、中国银行等多家银行建立战略合作关系，利用金融机构资源提供金融服务、开展信用风险防范。在服务供应链的组织过程中，如何有效地解决网络中的资金和融资问题，特别是当参与主体出现资金短缺，或者基于不动产抵押获取的资金难以满足生产和经营，而同时银行和金融机构为了控制贷款风险，无法为其提供资金的时候，服务集成商的资金融通和管理成为服务供应链绩效高低的关键。Z集团服务供应链成功的一个很重要的因素，就在于它不仅在企业内部和外部，产业链上和产业链之间形成了服务网络，提供了集成化的服务产品，而且作为融通仓，提供对物流、账单流和资金流集成管理的综合服务。

综上，Z集团通过参股、控股和纵向一体化的方式将提供关键原料、关键环节的设备和技术的生产企业和科技企业"内化"到集团，支撑了专业公司的龙头地位，使Z集团在每个专业领域，如矿业、碳素、耐火材料、机械装备、铁合金等领域保持持续的竞争优势，提升了整个集团自身的服务供应能力；同时，又通过与其他外部供应商、科研院所和金融机构合作，有效地整合了外部资源，形成了非常稳固的不可复制的综合服务能力（如图2-3）。

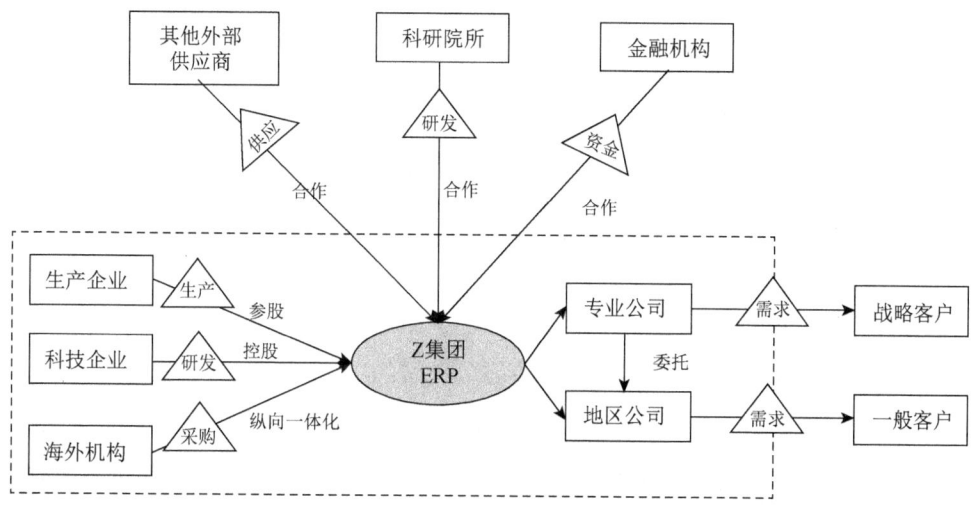

图2-3 Z集团服务供应链的整体网络结构

第三章 生产性服务业服务战略理论研究

一、市场导向的演变

瓦戈（Vargo）和勒斯克（Lusch）（2004）提出，以往以产品为主导（关注有形资源、内嵌的价值、交易）的市场，经过几十年的发展，正逐步转变成以关注无形资源及联合创造价值为导向的市场，在这种市场中，服务取代产品成为市场交换的主体。以下，将就市场导向的演变进行展开。

对营销的正式研究起于商品和工业产品的分销和交换（Shaw，1912；Smith，1904）。第一批市场学家研究的焦点在于商品的交换，营销的职能在于通过市场制度促进商品的交换（Nystrom，1915；Weld，1916，1917；Cherington，1920）。20世纪50年代初，营销职能学派逐渐转变到营销管理学派，这一变化体现在对决策制定方法的运用及对客户的关注（Levitt，1960；McKitterick，1957）。麦卡锡（McCarthy，1960）、科特勒（Kotler，1967）提出，营销作为决策制定的活动，旨在通过定位市场，选择促销组合，以合理的价格、合适的渠道向客户提供产品，从而满足消费者的需求，他们的这一理论被称为4P's理论。然而，20世纪80年代起，许多新的不是基于4P's理论的又相互依赖的微观经济范式逐渐兴起，看起来不会有交集的思想出现在关系营销、质量管理、市场导向、供应和价值链管理、资源管理及网络研究中。其中最引人注目的应该是以服务为主导的市场的兴起，学者们面临的挑战是如何打破原有的认知——运用以产品为主导的市场的相关知识服务市场具有局限性（Dixon，1990）。此时的营销理论处于碎片化和不完整的状态。到了20世纪90年代初，韦伯斯特（Webster，1992）提出，以往的基于微观经济学范式的营销管理职能应该用批评性的眼光看待其当下对于营销理论及实践的适用性。20世纪末，戴和蒙哥马利（Day，Montgomery，1999）指出4P's理论的有效应受到质疑。与此同时，阿赫罗尔和科特勒（Achrol，Kotler，1999）采用网络研究的视角，提出组织作为网络中一员的存在这一本质说明，理论上有助于我们对组织的理解，然而其潜在的影响是当组织消化了各种理论后，其营销范式的转变也许并不能超越上述理论。谢思和帕维提亚（Sheth and Parv Daniels atiyar，2000）指出市场需要一种新的理论，用以解释市场行动者之间的持续关系。拉斯特（Rust，1998）号召对现有的看似分散的理论进行汇聚和整合，强调了整合产品和服务的重要性："典型的有关服务的研究指出服务不同于产品，服务研究不再是从以产品为主导的市场中挖掘利益的研究领域"。以产品为主导的市场的观点不仅可能阻碍人们对服务作用的整体性评价，还有可能一定程度上限制了人们对于营销的理解（Gronroos，1994；Kotler，1997；Normann and Ramirez，1993；Schlesinger and Heskett，1991），例如古梅松（Gummesson，1995）写道："客户不购买产品或者服务，而是购买能够提供服务、创造价值的提供物……传统的对于产品和服务的划分已经过时了。这并不是说要对服务重新定义及从客户的角度来看待服务，活动提供服务、物品提供服务。从关注产品到关注服务是从生产方式和生产者的角度转变到强调使用和客户的角度。"

市场从过去以产品为导向转变到以服务为主导，即从以有形产品和不连续交易为中心的逻辑转变到以无形产品/服务为中心、关注交易流程和双方关系的逻辑导向（Vargo and Lusch，2004）。值得注意的是，此处的"以服务为中心"不等同于下面几点：①传统的将服务看作是剩余的（不是有形产品）（Rathmell，1966）；②用以增强产品的、增加价值的服务；③被划分为服务产业，如卫生保健、政府及教育等。瓦戈和勒斯克（Vargo and Lusch，2004）将服务定义为通过行为、流程等对专业能力（知识和技术）加以运用，从而为其他企业或自身创造价值。

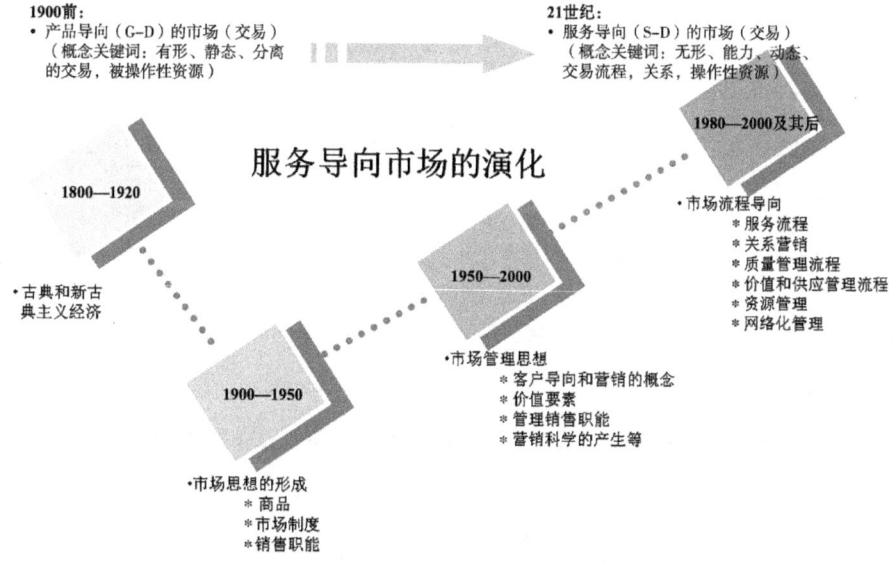

图 3-1　市场导向的演化（1）

来源：Stephen L Vargo, Robert F Lusch. Evolving to a New Dominant Logic for Marketing [J]. Journal of Marketing, 2004（68）：1-17.

此外，斯威尼（Sweeney，2007）从时间、核心概念、价值的单位、导向、客户、理论基础、消费者的活动7个方面就现代主义、后现代主义、关系营销和服务导向的市场进行了比较（如下表3-1所示），显然这张表从另一个角度描述了服务主导的市场的演化过程。例如，对于价值的单位（对消费者来说其预期的价值），现代主义时期是产品，后现代主义时期是经验，关系营销时期是关系绩效，服务为主导的市场中技术和知识则是价值的基本单位。尽管不同的范式有着很大的差别，但总体来看，上述四种范式并非是排他的，且很明显的是，以服务为主导的市场与关系营销和后现代主义范式有着很多的共同点。可见以服务为主导的市场并不是对其他方式的取代，上述范式并存于当今的理论和实践中。

表3-1 市场营销领域的关键范式

	现代主义（4P's）	后现代主义	关系营销	服务主导
时间	1950—1960年	最近20年（突出）	Berry（1983）创造了"关系营销"这个词，被看作是关系营销的早期里程碑	由Vargo和Lusch于2004年研究提出
核心概念	产品	产品提供的体验	客户和供应商之间有质量的关系	联合创造价值
价值单位	产品（价值内嵌在产品中）	经验	关系绩效	技术和知识
导向	产品导向，产品为王	消费导向，消费者通过消费定义自身	关系导向，关系是合作双方通过相互交换、完成承诺从而有所得的关键	联合创造价值导向，客户通过运用技术和知识对被操作性资源进行加工，共同生产服务
客户	理性，负责，自我控制，期望跟随线形的、静态的消费模式	复杂，不固定，动态的预期及需求，寻求经验的	买卖双方的关系依结果而定，客户是富有经验的并对结果有着预期	客户积极参与生产的动态流程
理论基础	微观经济学——4P's的发展	后现代理论及符号意义理论	人际理论，网络理论及新会计理论	Vargo、Lusch（2004，2006）基于新理论基础
消费者的活动	消极的（作为目标）	反应型的（客户意识和响应）	主动地（但通常没有服务提供商那样主动）	消费者承担共同创造价值的角色

来源：JILLIAN C SWEENEY. Moving Towards the Service-Dominant Logic – A Comment [J]. Australasian Marketing Journal, 2007, 15（1）.

与此同时，瓦戈、勒斯克和布赖恩（2007）从市场哲学的角度对服务主导市场的演化过程进行描述（如图3-2所示）。20世纪初，市场营销谈论的是如何将产品和服务卖出去（to market）。第二次世界大战后，美国转变成卖给谁（market to）的市场导向，企业对市场和客户进行分析，生产出满足市场和消费者需求的产品。瓦戈和勒斯克（2004）有关服务导向市场的提出，主张企业与客户、合作伙伴一起创造价值（market with）。

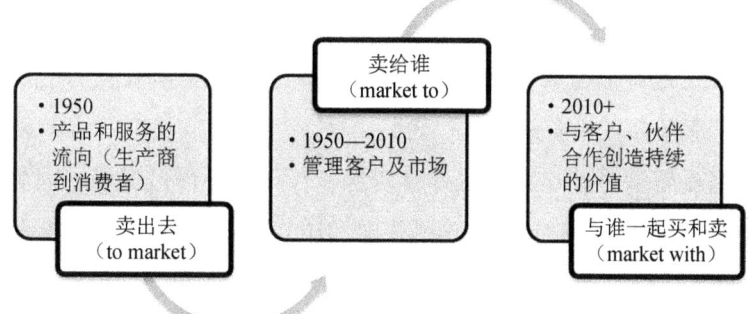

图 3-2　市场导向的演化（2）

来源：ROBERT F LUSCH, STEPHEN L VARGO, Matthew O'Brien. Competing through service: Insights from service-dominant logic [J]. Journal of Retailing, 2007, 1(83): 5-18.

二、产品主导与服务主导的市场

瓦戈和勒斯克（2008）指出过去几十年间，领先企业、商业学者以及相关咨询家都主张聚焦企业的基本活动或转变企业整体战略导向，即从生产产品到关注服务（Davies, Brady, and Hobday, 2007; Gebauer et al., 2007）。而这种计划不仅出现在B2B商业企业（如IBM、GE）中也出现在B2C[如Lowe's（洛埃）、Kodak（柯达）、Apple（苹果）公司]企业中，有的甚至是整个行业的转变（如软件服务行业）。而这种现象不仅出现在发达国家，事实上，整个经济体生产和交换的服务都在迅速地增长。对实践的感知让企业人士更多关注服务，调整企业的生产战略来适应并发挥服务的特性。与业界转变相应而生的是市场导向的变化，瓦戈和勒斯克（2004）在"演变到新的市场导向"一文中，首次提出产品导向（Goods-dominant logic，简称G-D）与服务导向（Service-dominant logic，简称S-D）的概念。

G-D 和 S-D 的根本区别在于其看待服务的角度不同，在 G-D 中，服务被认为是被操作性资源，相反，在 S-D 下，服务被认为是对操作性资源的运用（Vargo and Lusch, 2008）。具体来说，看待服务有两种观点。第一种逻辑将产品（嵌有价值的有形的产出）作为经济交换的主要核心，将服务看作是有一定限制的一种无形的产品（如输出单元）或者是将服务看作增加价值的附加物。瓦戈和勒斯克把这种逻辑叫作产品导向的逻辑。也有一些研究者称这为生产的逻辑（manufacturing logic"）(Normann, 2001）。不管称呼什么，我们可以看出产品导向的逻辑在于管理物品的生产和管理服务的生产和交付。第二种逻辑认为服务是为其他方做事的过程，仅是服务而不涉及产品。经济交换的核心就是服务，瓦戈和勒斯克把这种逻辑叫服务导向的逻辑。S-D 的提出意味着经济交换逻辑的变化，而不仅仅是产品交换形式的变化，S-D 被提出后经济交换不是简单地从一般产品交换变为高级产品交换，而是意味着交换方式从基于制造的模式转变为基于服务提供的模式。

接下来需要阐释清楚什么是被操作性资源，什么是操作性资源。因为，对这一问题的明了可以帮助我们更好地理解产品导向的市场与服务导向的市场之间的区别和联系。

康斯坦丁（Constantin）和勒斯克认为被操作性资源（operand resources）是指对其进行运作或处理以产生影响的资源，与其相对的是操作性资源（operant resources），是指用于对被操作性资源（和其他操作性资源）进行处理的资源。

自文明时期以来，人类活动遍及陆地、动物、植物、矿物及其他自然资源，因为这些资源是有限的，国家、部落及其他组织所拥有的资源被看作是财富。在产品导向的市场下，被操作性资源占据主导地位，企业如果拥有大量的生产要素（被操作性资源）和一种技术（操作性资源），那么企业就可以以低成本将被操作性资源转化为产品，从而创造价值。在这种视角下，顾客成为企业争相"瓜分的"资源，为了成功地吸引顾客，企业不断地进行市场细分、市场渗透、促销组合等营销手段。企业赢得市场的关键在于能否拥有被操作性资源。

操作性资源的相对重要性在 20 世纪末开始显现，与之相应的是，人们开始认识到技术和知识是最重要的资源。康斯坦丁和勒斯克（Constantin and Lusch, 1994）将操作性资源定义为本身能够产生影响、作用于其他资源的资源。齐默尔曼（Zimmermann, 1951）和彭罗斯（Penrose, 1959）是两个最早发现资源作用的经济学家。正如亨特（Hunt, 2000）指出的，彭罗斯并没有使用流行的"生产要素"一词而是使用"生产性资源的集合"，彭罗斯将其解释为："资源本身并不是生产过程中的投入，资源提供的仅仅是服务。"

操作性资源通常是不可见的、无形的，是企业的核心能力或者是组织的流程。它们不像被操作性资源那样静态和有限，而是动态和无限的。因为操作性资源不仅使得人类可以扩大自然资源的价值，还能创造出额外的操作性资源。描述操作性资源的一个典型案例是微处理器（microprocessor），人类通过自身的智慧和技能选择了众多自然资源中的一种——硅石（silica），并将知识嵌入其中。服务为主导的逻辑下，操作性资源被认为占主导地位，因为它们能产生效果（影响）。这种转变对于交易过程、市场以及对顾客的认知都有一定的意义。

表3-2 操作性资源和被操作性资源视角下 G-D 和 S-D 的区别

	传统的产品主导的市场（逻辑）	新兴的服务主导的市场（逻辑）
交易的基本单位	交换的是以被操作型资源为主体的产品	交换的是以操作性资源为载体的知识和技能
产品的作用	产品是由被操作性资源构成的最终产出。营销人员可以对交易地点、时间等进行变动	产品是操纵性资源的载体，它们作为中间物被其他操作性资源用来创造价值
顾客的角色	客户是产品的接受者。营销人员对客户进行细分，深入客户，将产品交付给客户。客户是被操作性资源	客户是服务的共同生产者。营销是与客户互动的过程。客户是操作性资源，仅仅偶尔作为被操作性资源
价值的意义和决定因素	价值由生产者决定，内嵌在被操作性资源中，在交换中实现	价值由客户在使用中实现，通常是通过对操作性资源的应用感知，有时也通过被操作性资源进行传递。组织仅仅只能做出价值的定位
企业和客户之间的互动	客户是被操作性资源，通过加工与其他资源进行交换	客户主要是操作性资源，是关系交易和共同生产的积极参与者
经济增长的来源	财富从剩余的资源和产品中获得。财富由占有、控制及生产被操作性资源组成	财富通过应用和交换专业的知识和技能来获得。它代表了未来使用操作性资源的权利

来源：Stephen L Vargo, Robert F Lusch. Evolving to a New Dominant Logic for Marketing [J]. Journal of Marketing, 2004（68）: 1–17.

表3-2描述的是从操作性资源和被操作性资源角度看，产品主导逻辑与服务主导逻辑的区别，分析主要从交换的基本单位、产品的作用、顾客的角色、价值的意义和决定因素、企业和客户之间的互动、经济增长的来源6个方面展开。我们可以看出，在G-D主导的市场中，交换的是被操作性资源，产品是被操作性资源的产出，客户是产品的接受者、产品的价值由生产者决定，客户也是被操作性资源，经济增长主要依赖被操作性资源；而在S-D主导的市场中，交换的是操作性资源（知识和技能），产品是操作性资源的载体，客户是服务的共同生产者，价值由客户决定，客户是操作性资源，经济增长依赖操作性资源的使用。

此外，瓦戈和勒斯克（2004）还从G-D和S-D市场的特点及其理论渊源的角度对二者的区别进行分析。他们指出，在产品主导的市场中：①经济活动的主要目标是生产和分销可以售出的产品；②为了使产品能够卖出去，必须在生产和分销的过程中内嵌实用性和价值，同时向客户提供的这种价值还必须超过企业的竞争对手；③企业所有的决策因素都必须指向利润最大化；④为了最大限度地控制生产及提高效率，产品必须进行标准化处理；⑤产品可以存储直到向消费者售出转化成利润。

而在服务主导的市场中：①识别和发展核心能力，经济实体的知识和技能代表了潜在的竞争优势；②识别其他的经济实体（潜在客户），并通过上述能力使客户获益；③为了培养关系，客户需要参与定制化过程、制定具有竞争优势的价值定位从而满足其具体的需求；④企业需要学会分析财务报告以观测市场的反应，不断完善企业所提供的产品和服务从而更好地满足客户的需求，为企业创造更好的效益。

瓦戈和勒斯克（2004）还指出，以服务为主导的市场，其理论渊源是资源优势理论（Conner, Kathleen and Prahalad, 1996; Hunt, 2000; Srivastava, Fahey, and Christensen, 2001）和核心能力理论（Day, 1994; Prahalad and Hamel, 1990）。核心能力不是实体资产而是无形的流程，或者说是隐形的操作、因果模糊的、异质的（Nelson and Winter, 1982; Polanyi, 1966）。亨特（Hunt, 2000）指出核心能力是高级的资源，由基本资源束组成。蒂斯和皮萨诺（Teece and Pisano, 1994）认为"企业的竞争优势来源于动态能力，根源于企业内部运行的高效体制，内嵌于企业的流程，受企业的历史条件的影响"。普拉哈拉德和哈默尔（Prahalad and Hamel, 1990）讨论能力的竞争时指出，竞争优势由能力决定，而这对客户感知价值有着不相称的贡献。将营销的重点放在核心能力上，意味着营销处于整合商业职能和学科的中心。正如哈默尔和普拉哈拉德所言"核心能力是跨越组织边界的沟通、投入和承诺"，核心能力是组织整体学习的集合，组织所处链条或者网络，链上成员及网络中的成员均需要执行专业的营销职能以获取竞争优势。企业可以长期生存下去的唯一方式是与其渠道、网络成员一起学习，并且保持良好的沟通和协调。

以服务为中心的市场营销是以客户为中心，以市场为驱动的（Sheth, Sisodia, and Sharma, 2000）。这并不是简单地以客户为主导，而是与客户合作并向客户学习，保持对客户个性化动态需求的适应性。服务主导的市场意味着价值由消费者决定并由其一起创造，而非内嵌于最终产出中。黑克尔（Haeckel, 1999）的观察指出，成功企业正在从实施"制造和销售（make-and-sell）"的战略转向"感知和响应（sense-and-respond）"的战略。此外，瓦戈和勒斯克（2008）在其"从产品到服务——两种逻辑的分歧和交汇"一文中，从四个方面（如图3-3）来刻画企业与客户共同创造价值的过程，分别是价值定位、沟通和对话、价值流程和网络以及价值提供物，在这个过程中需要联合运用企业内外部的资源，从而克服企业内外部的阻力，最终通过客户的使用，使价值转变成利润。

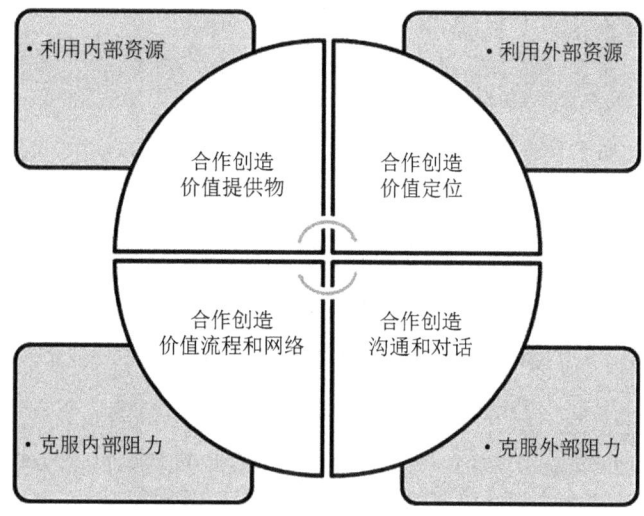

图 3-3 价值创造和服务主导的市场

来源：STEPHEN L VARGO, ROBERT F LUSCH. From goods to service (s): Divergences and convergences of logics [J]. Industrial Marketing Management, 2008 (37): 254-259.

瓦戈和勒斯克（2008）从市场导向的变化对实践人士影响的角度对比了G-D与S-D的区别（见表3-3）。总的来说，在市场导向变化的今天，实践人士需要有以下6个方面的思维转变：①企业的主要目标从生产产品转到帮助客户创造他们自身的价值；②从认为价值是生产出来的转到认为价值是与客户及其合作伙伴共同创造出来的；③从认为客户是孤立、分离的实体转变到认为客户是有其自身的网络的；④从认为企业的主要资源是被操作性资源（有形的，如自然资源）转变到认为企业的主要资源是操作性资源（无形的，知识和技术）；⑤从认为企业的客户是目标到认为企业的客户是资源；⑥从强调效率转变到注重效果进而提升效率。

表 3-3 市场导向变化对实践人士的影响

产品导向（G-D）	服务导向（S-D）
生产产品或服务	帮助顾客创造自身价值
价值是生产出来的	价值是合作创造的
客户是孤立、分离的实体	客户有自身的网络
企业拥有的是被操作性资源	企业拥有的是操作性资源
客户是企业的目标	客户是企业的资源
强调效率	通过效果提升效率

来源：STEPHEN L VARGO, ROBERT F LUSCH. From goods to service (s): Divergences and convergences of logics [J]. Industrial Marketing Management, 2008 (37): 254-259.

三、服务导向市场下的竞争

1. 关键词1：服务是竞争的基础

瓦戈、勒斯克和布赖恩（2007）提出，在服务主导的市场中，服务是竞争的基础。G-D主导的逻辑认为企业通过运用4P组合并结合有形资源在市场上竞争。而S-D逻辑下的基本前提是客户想要获取的并非是产品，而是通过服务所感受到的益处。与此相似，索内（Sawhney, 2006）提出客户想要购买的是解决方案。需要注意的是，这并不意味着在G-D主导的市场中，我们不讨论服务，然而，传统市场导向中依靠"服务"的竞争，将服务看作是：①帮助产品的生产（Converse, 1921; Fisk et al., 1993）；②增加价值的活动（Dixon, 1990）——用于产品；③一种特殊的（无形的）产品。可以看出，G-D逻辑的关注点始终是在产品，也就是S-D逻辑称为的"被操作性资源"（静态，通常有形，通过加工才能使其发挥效用）。相反地，S-D逻辑将服务看作是对"操作性资源"——动态资源，如能力（知识和技能）的应用，这些资源可以对其他资源发挥和产生作用。

基于此，S-D逻辑下的市场将产品和服务的角色对调，以服务为主导。服务可以直接提供给其他实体或是网络成员，也可以通过产品提供。在这样的市场中，竞争的关键点在于企业如何通过运用操作性资源比竞争对手更好地满足客户的需求。而这对企业获取持续竞争优势有着战略和策略上的意义。即竞争优势是企业运用操作性资源并相较于竞争对手而言更好地满足客户需求的职责。

2. 关键词2：知识、合作、持续竞争优势

此时大家可能会认为服务是S-D市场中竞争优势的主要来源。然而，瓦戈、勒斯克和布赖恩（2007）却提出，服务本身并不是持续竞争优势的主要来源，产品也不是。持续竞争优势的唯一来源是知识——操作性资源。也正如亨特（2000）提出的资源优势理论，竞争优势是从超级能力中所获得。这种观点可以追溯到史密斯（Smith, 1776）。史密斯提出的"劳动分工"并不主要是体力劳动，而是强调工作背后的专业知识和技能——能力的分工。这种通过专业化所进行的能力的分工是交换的基础。

随着能力的日趋专业化，组织的存在形式是内部进行微小的交换，其结果是宏观的专业化。组织通过整合，将其所拥有的资源转换到更高层级从而产生更多新的服务。这些组织接下来可以通过与其他组织进行交换缔结网络从而提供其他的服务。

在这样动态的环境下，企业在其价值定位及提供服务上保持静态是不切实际的，因此，服务创新就是很有必要的。这些创新依赖于能力的集合，企业可以持续地更新、

创造、整合及变革上述能力。然而，考虑到服务提供的综合性，合作能力被视为 S-D 主导市场中企业想要获取持久竞争优势的关键，这是因为它能帮助企业发展其他两项能力，而这两项能力，瓦戈、勒斯克和布赖恩（2007）认为其对于企业能否在复杂、动态及混乱的环境中制胜起到决定性的作用。它们分别是吸收能力和适应能力。客户参与使得组织可以了解外部环境中的重要趋势及一些诀窍（专业知识），从而将其转化为组织可利用的资源。合作能力可以帮助企业从其合作伙伴那里吸收新的信息和知识用以增强自身的客户参与能力。适应能力是组织调整自身以适应环境变化的能力。同样，通过发展合作能力，组织可以借助合作伙伴的力量来适应复杂、混乱的环境，也因此可以提高企业的适应能力。良好的合作能力及其相伴而增强的客户参与和适应能力可以使组织降低相关资源的成本、提高其相关的价值定位（Hunt，2000）。事实上，较低的相关资源成本关注的是效率，而提高的价值定位关注的是效果。正如亨特所说，成功者应该是更高效地向市场提供有效的解决方案。因此，在 S-D 主导的市场中，企业获取成功的唯一可能途径是拥有超凡的合作能力，它可以使企业从其外部环境、客户及价值网络中吸收信息和知识并使其适应动态、复杂的环境。综上所述，合作能力是企业获取竞争优势所需知识的主要决定因素。

3. 关键词 3：合作和信息技术

S-D 主导的市场中，技术被看作是操作性资源。新技术的创造是通过开发新的操作性资源、寻找创新的方式将操作性资源嵌入被操作性资源中或者是设法将操作性资源"溶解"（将操作性资源从被操作性资源中解构出）从而对其进行分别的开发（Normann，2001）。我们今天见证的，通常被称为"信息革命"的是对专业的操作性资源进行创造、解构和精炼的过程，其可以与被操作性资源进行独立的交换（Normann and Ramirez，1993）。同样见证的还有单位（计算和沟通）处理成本的逐渐下降趋近于零。这可能是由于计算机存储、输入和输出等能力的迅速发展。尽管如此，从客户的角度来看，某些 IT 的整体运行成本反而是上升的。虽然计算能力在增长，但这是由于单位处理成本的下降（遥感、气候控制设施、远程办公等），而这使得客户不能有效地分类、过滤及使用信息（Mick and Fournier，1998）。

虽如此，但是单位成本的降低使得更多实体之间的联系和合作成为可能。这种合作不仅发生在企业与员工和供应商之间，还发生在企业与客户之间。正是由于合作的增强，瓦戈、勒斯克和布赖恩（2007）提出四种推动这一趋势发展的要素：开放的标准、专业化、连通性、网络的普遍性。其中，开放的标准使得信息逐渐系统化而非不对称，更多的信息和经验可以被共享，从而使合作成为规范，鼓励创新；专业化使得各实体之间彼此依赖和需要，合作也就自然增多；连通性使得市场这个系统可以对供需做出快速的反应，也即市场更加灵活；网络的普遍性加速了上述三个要素的效果，从而促进了更多的合作和创新。

总的来说，信息技术是促进合作继而通过整个价值网络创新的关键力量。基于此，瓦戈、勒斯克和布赖恩（2007）提出信息技术的持久优越性及降低的沟通和计算成本为企业通过创新性的合作获取竞争优势提供了机会。

4. 关键词4：合作（联合创造价值、联合生产）

客户是永远的合作伙伴不仅是S-D逻辑下的前提之一，也是当今市场营销领域的关注方向（Bendapudi and Leone，2003；Prahalad and Ramaswamy，2004）。然而经常被忽视的是，合作事实上有两个要素，其中"联合创造价值"（co-creation of value）这一概念与G-D主导的市场中的理解有着很大的区别，G-D逻辑下价值是作为生产过程中产品的增加值，而S-D逻辑下价值仅能由消费者在使用过程中决定。因此，联合创造价值的主意与"使用中的价值"有着内在的相关性，此外，其与客户经历（customer experience）（Pine and Gilmore，1999；Smith, Shaun, and Wheeler，2002）这个概念有着很高的相关性，在帕苏拉曼和格雷瓦尔（Parasuraman and Grewal，2000）的"质量—价值—忠诚链"的模型中被认为是感知价值的重要因素。

合作的第二个要素是"联合生产"（co-production），其可以在与客户或是价值网中的合作伙伴之间通过合作设计、共享发明等形式实现。比如，一个客户组装宜家的家具；一个人在理发过程中给理发师提建议或者零售商与生产商共同制订零售营销计划等。联合生产与联合创造价值一样，与客户经历这个概念也有一定的相关性。

因为联合创造价值和联合生产将客户看作是内生的，故其与G-D主导的市场中生产的概念是不同的。传统的营销及消费者研究学者更多是关注与买方有关的产品和交易，只注重联合生产（Bendapudi and Leone，2003），然而在S-D主导的市场中，价值是联合创造的，因此，我们需要将关注点转移到关系和消费行为上。此外，联合生产和联合创造不仅涉及生产商和消费者，还包括其他的组织（价值网中的成员），资源整合是一个企业最主要的职能（Vargo and Lusch，2006）。由此，企业通过联合客户及其合作伙伴进行共同生产及价值创造的活动来获取竞争优势。

5. 关键词5：联合创造价值

企业通过服务竞争取胜的一种可能是发掘联合创造价值的有效、创新的方式。与顾客一起做事而非为客户做事是S-D主导市场下的特点之一。产品可能是关系中的工具，但它们不是关系的参与方，无生命的交换不能拥有关系（Vargo and Lusch，

2004)。因此，S-D 逻辑对于理解客户体验的演化过程有很大帮助。

随着组织的逐渐专业化，他们会更需要依赖于其合作伙伴，从而联合创造价值，这就意味着组织会更加依赖于其他组织所拥有的资源，当然，这些资源有的是私有的、有的是公共的。例如，有人买了辆小汽车，但还得拥有高速公路、公共停车位的使用权以及遵守交通规则。因此，随着时间的推移，客户会有另一种服务的体验，而这与上述公共资源不存在下的体验是不同的。简单来说，资源对于创造价值而言是内生性的，通常包括传统上划分的不可控资源，即存在于企业的外部环境中。当然，这也表明客户在创造价值的过程中是资源的主要整合者，其主要通过服务体验来承担上述角色，并通过生活的体验来提高生活的质量。综上，理解客户如何整合与体验和服务有关的资源（私有的、公共的）的独特性是通过创新产生竞争优势的来源之一。

6. 关键词6：联合生产服务

总的来说，客户参与很多种服务的生产过程的程度逐渐提高（Bendapudi, Neeli, and Leone, 2003）。基于勒斯克等人的研究，瓦戈、勒斯克和布赖恩（2007）提出了评定客户在联合生产服务中的主动参与程度的六大关键因素。零售商和其他组织为了开发创新型的服务战略可以使用以下因素。

专业知识（expertise）：组织更有可能参与联合生产，如果其拥有所需要的专业技能（如操作性资源）；可控性（control）：当个体或组织想要控制流程或者服务的结果时，联合生产更为普遍；实体资本（physical capital）：组织更有可能参与联合生产，如果其拥有所需要的实体资本；风险承担（risk taking）：联合生产涉及物理的、心理的和（或者）社会层面的冒险，但这并不必然意味着联合生产会带来风险的增加，因为联合生产也可能降低风险；精神利益（psychic benefits）：人们参与联合生产的主要原因之一是为了单纯的享受，获得精神上的收益；经济收益（economic benefits）：感知的经济收益在联合生产中起着中心作用。

上述六个要素不仅说明着客户期望参与联合生产的动机，同时也可用来判定客户想要参与联合生产的程度（Lusch et al., 1992）。此外，企业可能会提供一定的服务从而帮助客户成为服务运营的一部分。这些要素同时也是客户体验的基础（Smith, Shaun, and Wheeler, 2002；Schmitt, 2003）。因此，企业需要考虑（勾画）与服务提供相关的整个体验过程，施密特（Schmitt, 2003）认为这是客户体验管理框架的基础，它包括：①分析客户的体验世界；②建立体验平台；③设计品牌体验；④建造客户界面；⑤进行持续的创新。基于此，瓦戈、勒斯克和布赖恩（2007）提出了理论，企业提供与服务有关的联合生产的机会及资源并结合客户的参与，通过增强客户的体验来提升企业的竞争优势。

7. 关键词7：联合生产、联合创造、定价

S-D 主导的逻辑给零售商和其他成员提供针对价格维度更为有效的竞争方式吗？这个问题之所以重要，瓦戈、勒斯克和布赖恩（2007）认为是因为只有通过低成本或者增长的收入才能提高企业的财务绩效。我们都知道单位价格乘以售出的单位数是总收入。如果优秀的服务战略可以产生更好的绩效表现，那么客户便很乐意去支付较高的单位价格或是购买更多的服务。但这并没有回答上述问题，即告知市场人员怎样通过优秀的服务来获取更好的财务绩效。然而非常重要的一点是 S-D 市场的确给上述问题提供了工具性的概念指导。

通常我们认为企业应该主动地将生产和定价策略联系起来，S-D 主导的逻辑认为应该将定价从联合生产中延伸到企业价值定位上。价值定位可以看作是卖方对于交换中的价值和使用中的价值之间关联性的一种承诺。索内（2006）将这定义为风险和所得共同承担和分享。这里的交换中的价值（即价格）与客户感知的价值是相关的。因此，基于风险和所得共担的定价模式应该成为发展服务战略的一部分。如果买方和卖方在某些方面需要共同承担风险或者分享收益，那么合作应该更有效果。

那么零售商也可以使用这种风险和所得共担的定价模式吗？瓦戈、勒斯克和布赖恩（2007）认为，这是当然的，因为事实上，是生产商、零售商及其他价值网络中的成员联合创造价值的定位。这种联合的价值定位可以增加双赢甚至是多赢的可能性。基于此，企业采用合作开发、基于风险的定价（对价值定位）可以更有效地进行竞争。

除上述 7 个观点外，瓦戈、勒斯克和布赖恩（2007）还提出了另外 3 个观点：当价值网络中的成员成为主要的整合者时，其将具有更强的竞争力；事实上由于零售商的特性，使得其处于成为资源整合者的最有利的位置；企业如果将其员工看作是操作性资源则会开发出更多新的知识和技能，从而获得竞争优势。

以上是瓦戈、勒斯克和布赖恩（2007）从服务主导市场中竞争的基础——服务，到竞争优势的来源——知识和技能，再到联合生产、联合创造价值、定价、资源整合商、企业员工等 10 个方面的深度分析，指明了以服务为主导的市场中，企业想要获取竞争优势的关键点。

与此同时，格雷、马蒂尔（Gray and Matear，2007）从以下问题出发，"如何将企业采用服务主导的逻辑操作化？""什么样的实证研究适合去检验服务导向的市场这一逻辑？""服务导向的逻辑相对于其他逻辑而言，对营销实践而言更有效吗？"总结了服务主导市场中的成功企业在竞争优势上的五个表现：市场导向、创新、品牌声誉、

信息技术、人力资源管理，并指出尽管服务能带来经济效益，但服务不是企业持续竞争优势的来源，当然产品也不是。持续竞争优势的唯一来源是知识，因为知识可以带来服务的创新（Gray and Matear，2007）。这就要求企业发展合作能力（collaborative competence），因为它可以促进组织吸收和适应能力的发展，更好地吸收外界的知识和信息及更好地适应环境的变化（Vargo and Lusch，2007）。当然，一个组织自身合作能力即吸收和适应能力的高低也必须会影响其对于所采购服务带来的价值。

四、服务化战略

过去十年，企业发生了很大的变化：他们从提供产品到转为提供产品服务再到提供解决方案以增强其竞争地位、保护其边际收益（Sawhney et al.，2006）。西方经济开始依靠扩大其市场份额中的产品—服务的价值传递体系来增强其竞争力（Wise and Baumgartner，1999；Neely，2008）。这与生产型企业逐步使用产品—服务的要素而非纯产品要素进行生产是一致的（Manzini et al.，2001；Mont，2001；Manzini and Vezzoli，2003）。因此，很多生产型企业试图通过增加其服务的销售额来促进企业的增长（Wise and Baumgartner，1999；Reinartz and Ulaga，2008）。范德美和拉达（Vandermerwe and Rada，1988）把这一过程定义为服务化（servitization），具体是指组织的战略创新，这种创新通过运用企业的能力和流程从卖产品转向卖产品与服务的集成物从而向客户传递价值。这种转变以客户为中心旨在向客户提供他们所期望的结果。服务化具有两个明显的特征（Oliva and Kallenberg，2003）：首先，从产品导向的服务转向顾客流程导向的服务；其次，供需双方的互动从以交易为目的转向以关系为基础。

自20世纪80年代末起，"服务化"作为生产竞争战略被许多学者（Wise and Baumgartner，1999；Oliva and Kallenberg，2003；Slack，2005）加以探索，旨在知晓这一概念的发展和意义。这些研究也表明，无论是学术界还是实践和政府人士对这一概念都表现出了极大的兴趣（Hewitt，2003），围绕服务化的研究主题分为一般概念和定义、服务化的演化及其特征、服务化的驱动因素、服务化的挑战、成功实施服务化战略的指导原则等（Baines and Lightfoot，2008）。以下将从上述几个方面对服务化进行相关分析。

1. 服务化的定义

服务化的概念最早是由范德美和拉达（1988）提出的，他们将其定义为"逐渐增加全市场打包服务或者是客户关注的产品、服务、支持、自我服务及知识的束合物，从而为核心提供物增加价值。这里的服务是执行（performed）而非生产（produced）

出来的，本质上是无形的"。

其他的有关服务化的定义如下表3-4所示，广义上来说，学者们对服务化的定义大致上与范德美和拉达（1988）的相同，其中一点小的差异是路易斯等（Lewis et al., 2004）的研究，他们将其看作是功能化的产品。在产品服务系统的研究领域中，服务化被看作是一种具体的产品—服务提供物（Tukker, 2004）。可以看出服务化和产品服务系统（product service system, PSS）是从不同的角度进行研究，但这两种研究有着很多的共性，即都认为生产企业应该专注于销售整合的解决方案或者产品服务系统（Tukker and Tischner, 2006）。贝恩斯等（Baines et al., 2007）将产品服务系统定义为一个整合的产品和服务的混合物，通过使用向消费者传递价值，而这被看作是PSS与服务化的关联之一。基于上述回顾，我们认为服务化是组织通过从提供产品到销售产品服务系统来创造共同价值的一种企业能力和流程的创新过程。

表3-4 服务化的定义汇总

作者	服务化的定义
范德美和拉达（Vandermerwe and Rada）（1988）	市场打包服务或者是客户关注的产品、服务、支持、自我服务及知识的束合物
德斯梅特等（Desmet et al.）（2003）	生产企业在他们的产品中越来越多地采用服务要素的趋势
特勒斯研究院（Tellus Institute）（1999）	基于产品的服务的产生使得生产和传统服务部门活动的差别逐渐模糊化
范登伯格（Van Den Berg）（1999）	核心产品额外的服务要素
罗宾森等（Robinson et al.）（2002）	产品和服务的整合束
李维斯等（Lewis et al.）（2004）	任何试图改变产品功能交付到市场方式的战略
沃德和格雷夫斯（Ward and Graves）（2005）	生产商提供的服务范围的扩大
任和格雷戈里（Ren and Gregory）（2007）	生产企业以服务为导向，发展更多更好的服务，旨在满足客户的需求，获取竞争优势，这一变化过程称为服务化

来源：T S BAINES, H W LIGHTFOOT, O BENEDETTINI, et al. The servitization of manufacturing: A review of literature and reflection on future challenges [J]. Journal of Manufacturing Technology Management, 2009, 20（5）: 547-567.

2. 服务化的演化

贝恩斯等人（2009）指出事实上在生产行业，对服务化的演变过程只有很少的研究。范德美和拉达的研究说明了企业是怎样由最初考虑要去提供产品或者服务（如生产企业和保险公司），然后转到提供产品及比较相关的服务（如产品及维修服务、支持和金融服务等），最终变为"提供市场打包服务或者是客户关注的产品、服务、支持、自我服务及知识的束合物"。他们把这样一个转变叫作生产的服务化。在与管理相关的领域，服务化的发展可以追溯到20世纪90年代初，但市场营销领域也有学者认为自20世纪60年代提出系统化销售战略起，服务化就已经开始了。在服务化的进程中，许多生产企业发生了巨大的变化，从提供产品转到提供服务，这也使得产品和服务的界限不是那样的清晰。此外，值得注意的是，从表3-4，我们也可以看出，服务化包含了很多与整合产品和服务相关的概念，例如服务商业扩张（Vandermerwe and Rada，1989；Wise and Baumgartner，1999；Martin and Horne，1992；Oliva and Kallenberg，2003；Brax，2005；Gebauer et al.，2004；Gebauer and Friedli，2006），解决方案（Foote，Galbraith，and Miller，2002；Davies，2004；Windahl et al.，2004；Davies et al.，2006a，2006b；Windahl and Lakemond，2006），后营销服务（Cohen et al.，2006；Cohen，2007），服务收益性（Coyne，1989；Samli et al.，1992；Anderson and Narus，1995；Gebauer et al.，2006；Gebauer and Fleisch，2007）等。

从上述回顾中，我们可以看出自1988年服务化的概念产生后，美国和欧洲等地涌现了大量的有关管理和商业实践的研究，研究者的方向多是运营、服务或是商业领域。

3. 服务化的特征

生产企业销售服务已经有些历史了。然而，传统上将服务看作是对市场战略不利的事物（Wise and Baumgartner，1999；Gebauer and Friedli，2005；Gebauer et al.，2006），这种观念下创造价值和核心部分是产品，服务仅被看作是产品的添加物（Gebauer and Friedli，2005）。随着服务的生产和营销方式发生了很大的转变，服务逐渐变成整合产品与服务的差异化要素。价值定位中通常将服务看作是价值增加的重要活动（Vandermerwe and Rada，1988；Gebauer et al.，2006），并将产品减少到只是提供物的一部分（Hewitt and Kallenberg，2003；Gebauer et al.，2006）。事实上，越来越多的企业认为服务化是未来经营的最有效的方式。

服务化的特点之一是以客户为中心。客户不仅仅购买产品，他们还定制解决方案。而这种预期的实现往往需要企业与其他供应商合作（Miller et al.，2002；Davies，2004）。奥利瓦和卡伦伯格（Oliva and Kallenberg，2003）认为这种基于客户导向的战略有两个独立的要素，首先是从产品导向的服务转向顾客流程导向的服务（例如，从确保纸张的功能或者说客户对产品的使用到最终消费者使用产品有关的流程的效率和效果）；其次是供需双方的互动从以交易为目的转向以关系为基础（例如，从卖产品到与客户建立并维持客户关系）。

事实上，服务化有很多种形式。学者们将服务化可变化的区间称为"产品—服务连续集"（Oliva and Kallenberg，2003；Gebauer and Friedli，2005；Neu and Brown，2005；Gebauer et al.，2008）。企业从传统意义上的只提供产品，服务作为产品的添加物，到将服务作为企业创造价值过程中的主要部分（见图3-4）。正如加保尔等（Gebauer et al.，2008）在研究中指出的：企业需要从服务的同层面或水平来寻找企业独特的机会，并面临相应的挑战，当然这是一个动态的过程，企业可以随着时间的推移，逐渐加强服务的主导性。

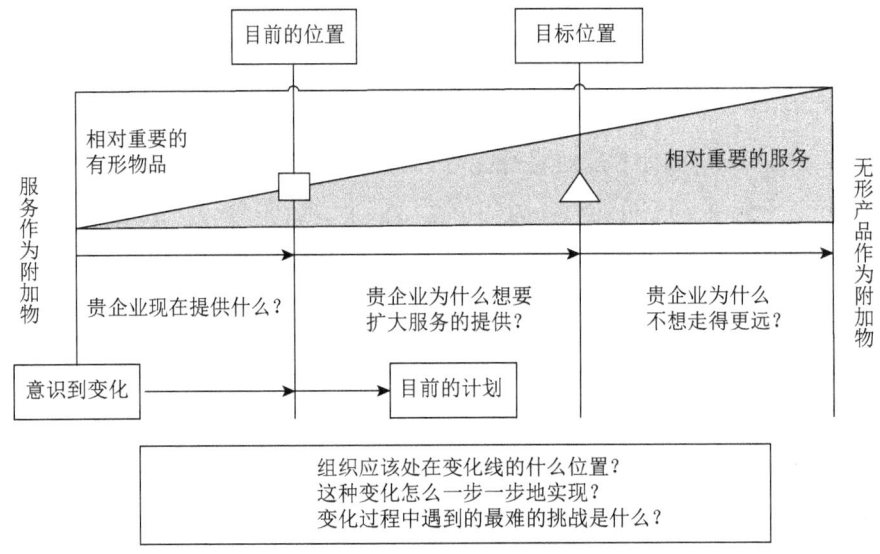

图3-4　产品—服务连续集

来源：OLIVA R，KALLENBERG R. Managing the transition from products to services [J]. International Journal of service Industry Management，2003，14（2）：1-10.

此外，维罗妮卡、马尔科（Veronica and Marko，2010）通过买卖双方交互的界面从另一个角度分析了服务化的连续集（图3-5）。在评价服务化的程度上，学者们给出了四个评价指标（见表3-5），首先是"活动的价值基础（value basis of activities）"，其评估的价值作为吸引和挽留客户的主要驱动因素（Gundlach and Murphy，1993；Lambert et al.，1996；Cannon and Perreault，1999）；其次是"资产的主要角色（primary role of assets）"，评估资产需求的本质，例如，资产的使用关注的是交付过程而非有形资产的所有权（Tukker，2004）；再者是"提供物的类别（offering type）"，表明的是产品—服务谱，从有形产品和支持性的服务到全服务（Boyer et al.，2003）；最后是"生产战略（production strategy）"，表明的是客户定制化的程度（Gilmore and Pine，1997）。

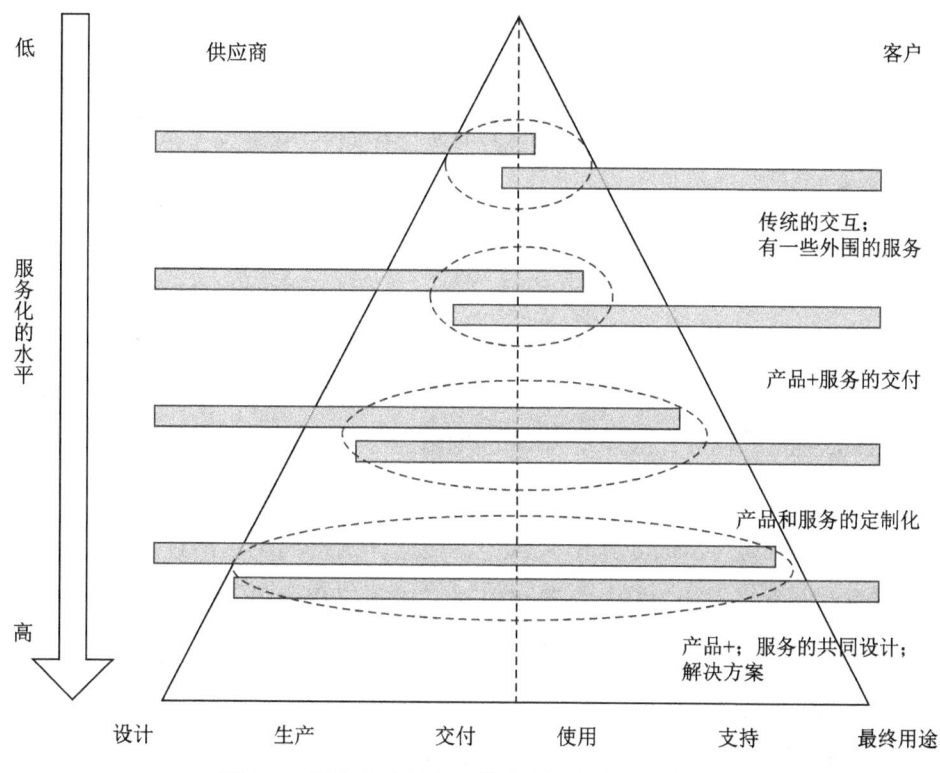

图 3-5　服务化连续集：供应商与客户之间的交互

来源：VERONICA MARTINEZ, MARKO BASTL, JENNIFER KINGSTON, et al. Challenges in transforming manufacturing organizations into product-service providers [J]. Journal of Manufacturing Technology Management, 2010, 21 (4)：449-469.

表 3-5　组织服务化水平的判断标准

服务化的水平评价指标	高水平的服务化	低水平的服务化	文献
活动的价值基础	基于关系	基于交易	Gundlach and Murphy (1993), Lambert et al. (1996), Cannon and Perreault (1999)
资产的主要角色	资产使用	资产所有	Tukker (2004)
提供物的类别	一体化服务（亲近客户，客户关系）	物质产品和外围的服务（支持作用）	Boyer et al. (2003)
生产战略	纯/大规模定制化生产	大规模生产	Gilmore and Pine (1997)

来源：VERONICA MARTINEZ, MARKO BASTL, JENNIFER KINGSTON, et al. Challenges in transforming manufacturing organizations into product-service providers [J]. Journal of Manufacturing Technology Management, 2010, 21 (4)：449-469.

从上述回顾中，我们可以看出，服务化有多种形式，可以是产品服务的一个连续的集，从产品、服务作为添加物到服务、有形产品作为添加物，而这种转变是在以客户为中心的战略下形成的，旨在向客户提供他们所期望的结果。

4. 服务化的动因

一般来说，有三方面的因素推动企业采用服务化战略，即财务、战略（竞争优势）和市场（Mathieu，2001b；Oliva and Kallenberg，2003；Gebauer，Friedli，and Fleisch，2006；Gebauer et al.，2009；Gebauer，Heiko，and Fleisch，2007）。

财务因素中经常被提及的是高的边际利润及稳定的收入（Wise and Baumgartner，1999；Gebauer and Friedli，2005）。怀斯和鲍姆加特纳（Wise and Baumgartner，1999）指出，对于有高投入生产线的企业来说，在一些部门中，服务的收入会是新产品收入的一到两倍。斯莱克（Slack，2005）认为，在这样的部门中，潜在的高收入是存在的。同样的，索内等人（2004）的研究识别了成功运用服务化战略的企业（如GE、IBM、HP等），它们通过服务都取得了稳定的收入。沃德和格拉夫（Ward and Graves，2005）强调，对现代复杂产品生命周期（如飞机）的重视，是推动采用现场服务从而确保收入的最重要的因素。而这些产品—服务的"混合物"对于以价格为基础的竞争并不那么敏感（Malleret，2006），因此相较于单独提供产品而言，更能获得高的收入（Frambach et al.，1997）。最后，产品—服务销售额趋于反周期循环，不易受经济周期对于产品采购的影响（Oliva and Kallenberg，2003；Gebauer，Heiko，and Fleisch，2007）。这可以使得企业获得定期的收入并在市场和经济周期间寻得平衡（Brax，2005；Malleret，2006）。

战略因素的考量主要是为了获得竞争优势。通过服务要素将企业的提供物差异化从而提供重要的竞争机会（Frambach et al.，1997；Mathieu，2001b；Gebauer，Heiko，and Fleisch，2007）。基于服务所获得的竞争优势更持久，这是因为服务的不可见、更多的员工依赖、服务更难模仿（Oliva and Kallenberg，2003；Gebauer and Friedli，2005；Gebauer et al.，2006）。当然许多研究者会提到市场的标准化，基于产品创新、技术优势、低成本等所形成的差异化都很难维持（Coyne，1989；Frambach et al.，1997；Mathieu，2001b；Gebauer，Heiko，and Fleisch，2007）。弗兰巴赫等（Frambach et al.，1997）的研究指出，增加价值的服务可以增加客户的感知价值，而同种（同质）的物质产品则被看作是定制化的。这就增加了对竞争对手而言的阻碍（Mathieu，2001b）。

市场的机会一般理解为通过服务可以销售更多的产品（Gebauer et al.，2006；Gebauer，Heiko，and Fleisch，2007）。在营销领域，服务要素被看作是影响采购决策、评价产品重要性等的重要一环。这在B2B市场或者工业市场中尤为如此，客户对服务更加渴望（Vandermerwe and Rada，1988；Oliva and Kallenberg，2003），原因在于创造更加灵活的企业、聚焦企业的核心能力、高的技术复杂性等压力使得外包服务日益增加。服务常被看作是创造客户忠诚的砝码（Vandermerwe and Rada，1988），使得客户更加依赖供应商。服务容易带来重复的购买，通过加强与客户联系的机会，供应商可以在合适的时机提供其他的产品或者服务（Mathieu，2001b；Malleret，2006）。最后，通过服务，企业可以对客户的需求有更好的洞察，从而提供更多定制化（剪裁）的提供物。

总的来说，服务化频繁发生的主要驱动因素有：财务因素（如收入流及边际利润），战略因素（如竞争机会和优势），市场因素（如客户关系和产品的差异化）。

5. 服务化的挑战

服务化战略的实施面临着文化和合作上的挑战（Vandermerwe and Rada，1988；Wise and Baumgartner，1999；Oliva and Kallenberg，2003；Brax，2005）。概括来说，有三方面的挑战：服务设计、组织战略、组织变革。

服务设计与产品设计有很大的不同，从本质上讲，服务是模糊的，很难去定义。这就不鼓励企业扩大其服务的维度（领域），特别是他们需要走出熟悉的环境，面对无法预期的竞争，竞争对手可能还包括他们自己的供应商、分销商及客户（Vandermerwe and Rada，1988；Mathieu，2001；Oliva and Kallenberg，2003）。此外，在设计过程中也存在风险，这是因为所承担的先前由客户执行的活动可能会有新的挑战。而这里管理风险的投入可能会超过潜在的利润收益。因此，在服务的设计过程中，需要与客户加强沟通，清晰地描述价值定位（Mathieu，2001）。

决定实施以服务为导向战略的生产企业需要调整必要的组织结构和流程（Mathieu，2001；Gebauer and Friedli，2005；Oliva and Kallenberg，2003；Gebauer，Heiko，and Fleisch，2007）。这里的挑战是需要定义组织战略以支持交付产品和服务结合物所需要的客户忠诚（Wise and Baumgartner，1999）。处在下游的位置，例如安装基础服务，组织需要以服务为导向及重视服务（Oliva and Kallenberg，2003）。这些组织通过产品—服务的结合物来提供解决方案，趋向于以客户为中心，在了解客户需求的基础上并运用特殊能力，提供客户化的、令客户满意的产出（结果）（Miller et al.，2002）。温德尔等（Windahl et al.，2004）的案例研究支持上述观点，他们强调了与客户成为伙伴的重要性，在提供解决方案时需要扩展自身的能力。然而，马蒂厄（Mathieu，2001）的研究则指出服务管理的原则与传统生产实践不一致。

从一个传统的生产商变革到有效实施服务化所需要的组织战略面临特殊的挑战。服务文化是具体的,它不同于传统的生产文化(Mathieu,2001),企业的理念也需要相应的转变,以服务作为企业竞争优势的来源(Coyne,1989;Oliva and Kallenberg,2003)。这需要长期的实践和态度的转变(Vandermerwe and Rada,1989;Foote et al.,2001)。例如,放弃以前的以产品为中心的结构转变为以客户为中心(Foote et al.,2001;Galbraith,2002;Windahl and Lakemond,2006)。实施上述变化,企业很可能会遇到组织内部的变革阻力,不了解服务战略或是害怕基础设施的变化(Mathieu,2001)。创造以服务为导向的环境并寻找到合适的人执行是成功的关键。为了提供服务,管理人员需要理解人是企业的主要资产(Mathieu,2001)。然而,很多研究表明,采用服务化战略并没有带来预期的高收入(Coyne,1989;Neely,2008)。加保尔和弗里特利(Gebauer and Friedli,2005)将这种现象定义为"生产企业中的服务悖论",相关的有组织和文化上的障碍。综上所述,传统的生产企业采用服务化战略会面临服务设计、组织战略和组织变革三方面的挑战。

6. 服务化的案例

表3-6 服务化的例子

企业名称	服务化的描述	来源(文献)
Alstom(阿尔斯通)	维护、更新运营的火车和信号系统	Davies(2004)
ABB(艾波比)	交钥匙工程的发电工程项目	Miller et al.(2002)
Ericsson(爱立信)	对手机网络的交钥匙解决方案(设计、建设与运营)	Davies(2004)
Nokia(诺基亚)	诺基亚网络设施解决方案,提供网络设备和相关服务	Wise and Baumgartner(1999);Davies et al.(2006a,2006b)
Thales(泰勒斯)	飞行人员的培训和模拟建筑物的管理	Davies(2004)
Rolls-Royce(劳斯莱斯)	能源按小时提供从而保证航空发动机的飞行时间	Howells(2000)
Xerox International(施乐国际)	文档管理服务,保证单位的固定成本	Mont(2001)
WS Atkins(英国阿特金斯)	系统集成服务和外包解决方案	Davies(2004)

来源:T S BAINES,H W LIGHTFOOT,O BENEDETTINI,et al. The servitization of manufacturing:A review of literature and reflection on future challenges [J]. Journal of Manufacturing Technology Management,2009,20(5):547-567.

很多案例研究旨在探索企业对服务化战略的采用（Wise and Baumgartner，1999；Mont，2001；Miller et al.，2002；Oliva and Kallenberg，2003；Mathe and Stuadacher，2004；Davies，2004；Davies et al.，2006a，2006b）。表3-6中的例子都是从下游通过服务发掘新机会。典型的服务可以分为四类（Wise and Baumgartner，1999）：嵌入式服务（embedded services），指将传统的下游服务内嵌在产品中；综合性服务（comprehensive services），例如GE围绕其产品市场提供的服务（如GE的资本融资活动）；整合解决方案（integrated solutions），企业超越传统产品市场，考虑其客户的全面需求（如诺基亚提供网络基础设施的解决方案）；分销服务（distribution services），例如可口可乐在超级市场（大量、低边际收入）运用服务方式用以占有货架的空间。

尽管表3-6描述了企业在实施服务化进程中的一些领先实践方式，但同时也表明了这个领域的局限性。上述大多数的企业都是大的公司，拥有雄厚的资本。

除了服务化转型的成功案例（例如IBM、GE、西门子、惠普、ABB、OTIS等公司）之外，我们也观察到一些失败的案例。例如，Intel公司曾经投资1.5亿美元成立一个数据中心，试图为企业提供数据服务；但是三年之后Intel公司关闭了这个数据中心，并重新回到核心的微处理器领域。另外，波音（Boeing）公司也曾尝试提供金融服务，但没有获得成功（Sawhney et al.，2004）。这种现象称为"服务化战略悖论"（Gebauer et al.，2005）。奥古斯特等（Auguste et al.，2006）肯定了制造商服务化转型的难度，强调制造企业需要更清晰地理解服务领域的新战略规则，并将规则融合到他们的运作中，才能实现快速增长。

随着服务化的潮流，这一过程使得人们对服务和服务市场有了新的兴趣（Vandermerwe and Rada，1988），组织、市场以及整个社会开始关注服务的交换。由此，在这种以服务为主导的市场中，有关服务和市场的理论也应该从产品的交换转向以无形资源为载体的服务的交换（Vargo and Lusch，2004）。

五、供需互动研究

互动是商业关系研究中的一个重要概念，它是供应链管理活动中的一项功能，通过供应链结构中各主体之间主动、有意识地相互作用或影响，确认相互可获得的资源和能力，从而有效地组合起来创造价值，同时应对可能存在的各种问题（Axelsson and Wynstra，2000；Berthon and John，2006）。互动作为一种组织间价值创造的一个过程或功能，就必然涉及互动的范围、主体和过程，亦即互动的整体模式。坎松（Hakansson，1982）基于组织互动理论和新制度经济学理论，提出了互动模型的基本框架（如图3-6所示），该框架模型认为互动是组织管理活动的重要行为，互动的质量决定了组织最终的经营绩效，模型用4个必不可缺的因素来描述互动，包括交互过程、互动主体、环境和气氛。

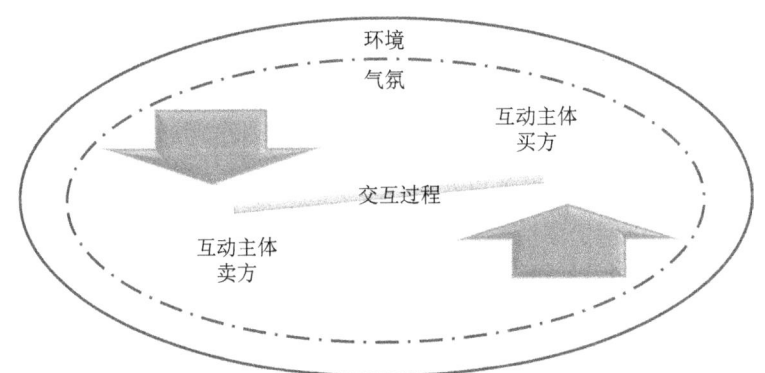

图3-6 Hakansson互动模型的基本框架

然而，上述互动模型，虽然强调了环境、气氛和过程对组织互动的影响，然而从互动的直接主体上看，依然是一种双边关系。供应链网络作为一种社会性经济组织形态，必然会涉及诸多的行为者，特别是服务主导型的供应链，由于高度强调服务要素的整合与整体价值的实现，因此，其主体不可能仅仅是链上的上下游，同时互动的要素也不仅仅是产品交换、信息交换、财务交换和社会交换。

在服务主导型的供应链体系中，随着经营的核心从产品制造逐渐转向了服务，经营的主体摆脱了单纯的供需双方，互动的要素除了产品、信息、财务和社会的交换外，"服务品牌"（service brand）也成为服务主导型供应链的重要资产（Bordie et al.，2006）。服务品牌最早由贝里（Berry，2000）提出，他提出随着服务成为一种主导型的经营要素，作为服务整合者的企业就成为一种品牌，并且在这个过程中，客户的服务体验对服务资产（service equity）的形成发挥了重要作用。因此，在服务主导的经营中，服务品牌成为决定企业绩效的关系资产，也是协同价值创造的核心。比特纳（Bitner）（1995）提出在服务品牌创造的过程中存在着三种不同的主体间互动和价值协同行为，一是组织（或企业）与客户之间的互动，即做出承诺（making promise）；二是组织（或企业）与组织中的成员或网络中成员之间的互动，即促使或促进承诺（enabling and facilitating promise）；三是组织中成员或网络成员与客户之间的互动，即保持或支持承诺（keeping or supporting promise）。在此基础上，利特尔（Little，2004）从组织的视野提出了客户价值互动的整体框架，在这个框架中除了有三大类主体（企业、企业中成员或网络中成员、客户）之间做出承诺、促使承诺以及保持承诺外，还显示了通过上述三个流程而最终实现承诺（realizing promise）（见图 3-7），这个过程不仅为客户带来了价值，同时也使企业实现了财务绩效，并且实现承诺是与建立服务品牌紧密相连的。

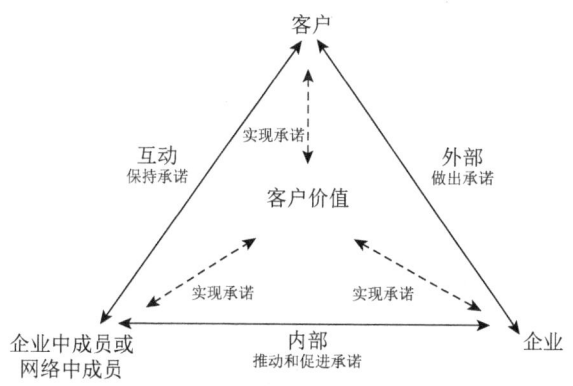

图 3-7　客户价值创造与互动模型

可以看出，当今企业经营中的互动行为应当是从社会网络的角度来思考，而不再是简单的买卖性交易关系的互动。社会网络理论通过强调网络中的主体、主体之间的结构性联系、各主体拥有和交换的资源来解释社会关系、互动和规范（Eiriz and Wilson，2006），这种视野描述了社会网络如何通过与个体之间的强联系和弱联系（包括自愿和非自愿），使各主体能在更大的社会系统中自我定位，并且影响资源的流入和产出。从这个意义上讲，社会生态系统中的互动的主体除了双边关系、三边关系的范畴外，也需要考虑企业直接或间接的利益相关者。此外，互动的要素也不仅仅是物质资源和产品（即被操作性资源）的交换，也是知识、智慧等操作性资源的交换，只有这样，服务的品牌才能建立。

基于上述研究和逻辑，在利特尔的模型基础上，我们认为，在服务主导型的供应链运行中，服务品牌或价值的形成与建立，存在着四种互动主体和相应的互动行为。这四种主体是企业（或服务集成商）、客户、网络中的成员（或称微专业服务商、贡献者）以及社会利益相关者（见图 3-8）。在互动的主体群中，我们特别强调了用利益相关者的视野来看待互动行为，利益相关者的概念可以回溯到 1963 年，由佛里曼（Freeman）率先提出，从此利益相关者理论（ST）在管理学界得到了广泛的应用。利益相关者是指能够影响组织目标达成或被组织目标影响的群体或个体（Freeman，1984）。组织中的利益相关者的概念非常广泛，往往包括直接决定企业生存的核心利益相关者（如客户）、给企业带来威胁和机遇的战略利益相关者（如合作伙伴等）以及组织环境中的利益相关者（如股东、政府、社会利益团体等）。米切尔等（Mitchell et al., 1997）认为利益相关者在组织中的影响力是由三个特征决定的，即合法性、急迫性和权力性。合法性具有多种含义，包括可接受性或合意性（Meyer and Rowan, 1977）、认同（Carroll and Hannan, 1989）、合理、适当与一致（Dowling and Pfeffer, 1975）。萨奇曼（Suchman, 1995）提出了一个广义的定义，合法性是指企业的某种行为在社会关系中恰当、合适的状态。合法性的关键因素是满足和符合社会制度、准则、规定和意义。因此，遵从普遍使用的规则和结构，并对它表现出理性的、谨慎态度的组织，普遍被合作者认为是值得信任的（Tolbert and Zucker, 1983），因此，利益相关者的合法性可以认为是其利益诉求的有效性。急迫性是指利益相关者的诉求引起关注的程度，显然，这种程度越高，利益相关者在网络中的潜在影响力就会越大。而权力性是利益相关者产生效用的能力，这种权力性的高低直接决定了其行为的效果。

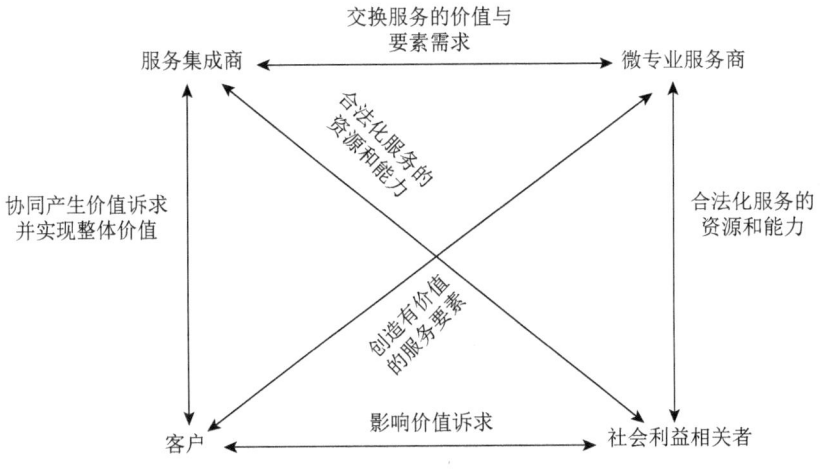

图 3-8　服务主导型供应链中的互动框架

因此，作为企业的管理者，应当考虑如何与众多利益相关者发展关系，而这些利益相关者能够影响企业活动或被企业活动所影响，进而最终达到企业预期目标或价值（Donaldson and Preston, 1995）。尤其在服务主导型供应链中，服务的品牌和价值不仅是由供需双方或者三方（即企业、客户、企业网络中的成员）的相互行为所决定，同时也受到他们同其他利益相关者的关系影响。这是因为利益相关者能帮助企业（服务集成商）、需求方和微服务供应商带来合作中的合法性，继而促进各方的合作关系。此外，它将对提升服务供应链中各方的交互作用和社会化具有调节作用。具体讲，在服务主导型供应链中，存在着六种互动行为。

一是服务集成商与客户之间的互动。这种互动主要是协同产生价值诉求，即通过服务集成商与客户之间的相互沟通和作用，产生超越于既定需求的价值诉求，并且通过服务集成商对各种服务要素的整合和集中传递来实现价值诉求。服务集成商与客户之间的关系不仅仅是一种简单的需求产生和需求实现的过程，作为服务集成商更主要的作用在于能深入了解并分析客户的状况，以及客户行业的现实和存在的问题，并且能够根据这些状况和问题，通过与客户的互动提出相应的需求和解决方案，从而不仅满足了客户现实的需求，而且更能够通过服务集成商的综合服务帮助客户实现潜在的价值，亦即实现"客户成功"。另一方面，作为客户，也不是像以前一样只是将供方看作是产品或服务的简单提供者，而是将其视为帮助自己获取自身难以得到的知识和能力，并且推动自己实现持续、长远发展的合作伙伴。

二是服务集成商与微专业服务商之间的互动。由于服务主导型供应链运行的复杂性和广泛性，各种服务活动和要素不可能完全由一个企业来实现，因此，根据客户的价值诉求将部分服务环节或要素外包给微专业服务商就成为必要，这种主体并不提供全部的服务要素，或全面实现价值，而是为价值的实现提供专业化的服务要素，因此，从这个意义上讲，他们是微专业服务者（micro-specialist）。服务集成商与微专业服务商之间存在着价值解构、理解和价值要素交换的过程。所谓价值解构指的是服务集成商根据客户整体的价值要求，根据微专业服务商的能力和知识，分解价值体系，将其中的价值要素外包给微专业服务提供商的过程。价值理解和要素交换则是从微专业服务商的角度讲的，即微专业服务商需要充分理解其所发挥的作用和服务的关键要素，结合自身的能力和知识，优化次服务流程，不断实现某一特定领域的价值，从而成为服务集成商的核心网络成员。在这一互动过程中，双方也需要不断地分享经验、交流专门知识，同时动态地定义服务的范围和程度，实现网络的有机结合。

三是微专业服务商与客户之间的互动。在服务主导的供应链中，并不只是服务集成商与客户发生直接的接触和互动（即产生互动的界面），微专业服务商也会与客户发生直接的接触和往来，成为直接服务提供商，或者说在整体价值实现的过程中，微专业服务商也可能提供了现场服务和体验，而服务集成商则将各种现场服务进行了系统化的整合，实现了耦合价值。

第四种和第五种互动关系存在于服务集成商、微专业服务商与社会利益相关者之间。在服务主导型的供应链运行中，服务集成商和微专业服务商通过各种企业内外的资源和能力为客户创造新的运作模式和价值。然而，任何战略性变革都是代价高昂的，尤其是多样性的变革更具挑战性，变革的复杂度越强，所需要的资源和能力就越高，代价也就越大（Misangyi，2008）。在这种状况下，服务集成商以及微专业服务商作为一种新型商业模式的变革者,就需要与外部各种社会利益相关者互动,以获取并最大程度上利用所需要的资源和能力,因此,社会利益相关者与企业之间的互动也是整个互动体系中的重要一环,作为价值网络中的经营主体,不仅要考虑到自身的下游或其他商业合作伙伴,而且还需要考察影响网络构建的其他社会利益相关者,将其作为实现价值体系的重要方面。

社会利益相关者对于企业运作的影响主要表现在其能否赋予服务集成商或微专业服务商合法性的地位。合法性是"在一个由社会所构建的规范、价值、信念和定义的体系中,一个实体的行为被认为是可取的、恰当的、合适的普遍性的感知和假定"(Suchman,1995)。国内学者丁蕖认为合法性为"组织利益相关者对组织权威的认同"。合法性的功能在于帮助企业(即服务集成商或微专业服务商)从其所在的环境以及其他利益相关者那里获得认可和支持,没有这种认可,企业就无法获得维持基本运营所需要的关键资源。因此,通过适当的组织活动来获得合法性就是企业生存和发展的必要条件。达森(Dacin)认为组织的合法性有多种表现形式,其中投资合法性(investment legitimacy)、市场合法性(market legitimacy)和社会合法性(social legitimacy)是组织合法性的表现(Dacin,2007)。投资合法性首先表现为和组织最直接的利益群体有关,这一合法性的作用类似于资源依赖学派(Pfeffer et al.,1978)对组织活动的解释,它涉及组织的行为为社会利益相关方认同是有价值的。市场合法性指组织的一种行为主要是在特定的市场中建立或维持其权利或资质,这一合法性经常基于组织是否"去做正确的事"来进行判断,并非一定是按照是否符合组织目标的标准来判断。它反映的是企业组织能否选择服从既有的规范,而非某一特定群体的价值观。社会合法性指的是被不同利益相关方广为所知的、视为理所当然的组织活动。服务集成商以及微专业服务商与社会利益相关者之间的互动主要表现在:一方面社会利益相关者决定了服务集成商或微专业服务商的投资合法性、市场合法性和社会合法性,对前者资源、能力的获取与整合提供了约束或支撑的框架体系,从而间接地影响到服务集成商以及微专业服务商资源、能力整合的范围和程度;另一方面,服务集成商或微专业服务商也不是仅仅被动地接受社会利益相关者的约束或制约,而是利用他们在社会中的地位、角色,甚至社会资本或各种前摄性的行为,消除制度环境中对其不利的因素和阻碍,建立起有利的环境和氛围,有效率和有效能地获取、整合各类资源和能力,并且争取社会利益相关者对其行为的支持和帮助,从而不仅为企业的直接客户带来潜在的价值,同时也使社会利益相关者在供应链运作过程中获得相应的社会性价值。

最后一种互动关系存在于社会利益相关者与客户之间。客户作为社会经济网络中的成员之一，也必然要与社会利益相关者发生往来，这种影响主要表现为两点：首先是社会利益相关者间接影响了客户的价值诉求，客户的价值诉求是在一定的社会制度环境下产生的，因此，社会利益相关者对其造成的约束和作用，必然使得客户对价值的理解产生变化，换言之，社会利益相关者由于实施了不同的权力和作用，如规则的制定、环境政策的改变等，使得客户所遇到的潜在问题和威胁是具有差异化的，从而使得他们对服务集成商或微专业服务商提出新的要求与期望；其次是客户本身也不是单方面被动地接受社会利益相关者的影响，他们也会能动地作用于社会利益相关者，改变可能对其不利的因素和环境，从而强化有利于其价值实现的环境和体系。

第四章 生产性服务业服务战略案例研究

一、W公司服务战略案例

（一）W公司基本背景

W公司成立于1993年，是专业生产高档酒店用清洁产品及特种洗涤剂的化学公司，总部设在北京。公司的生产基地坐落于北京市通州区的北京工业开发区内，拥有24 000平方米的厂区、12 000平方米的生产车间，具有年产各类精细化学品15 000吨的产能。经过18年的发展，公司员工人数从创业初期的18人发展到300余人，企业从一个区域型微型公司逐渐发展成为拥有两个生产基地（北京2万平方米，广东佛山1万平方米）和17个分支机构的全国性企业。

W公司目前的业务主要有3类：工业业务、宾馆类业务和租赁业务。其中工业业务横跨汽车制造业、石油化工业、冶金业、机械与电子制造业等多个行业。宾馆类业务主要是为各类宾馆酒店提供清洁剂、清洁用品等，目前竞争比较激烈，整个市场有上千家同类型公司。租赁业务即洗碗机租赁业务，是由W公司创新并刚刚运行的一种业务模式，也是本文重点分析的业务类型。与业务类型相对应，W公司的产品和服务也主要包含3大类：工业专用清洁剂系列、商务酒店专业清洁剂系列和洗碗机租赁服务系列。

（二）W公司变革动因

1. 商务洗涤剂激烈的市场竞争格局

W公司从创业之初就一直致力于商务洗涤剂市场，商务洗涤剂是面向星级宾馆饭店的洗涤用品的总称，包括客房及公共区域专用洗涤剂、餐饮专业洗涤剂以及洗衣房专用洗涤剂等。商务洗涤剂市场是随着涉外商务酒店在中国的出现，于20世纪80年代中期才在中国兴起的。1986年，美国泰华斯公司与大连油脂化工厂在大连合资建立第一家专门生产商务洗涤剂的公司。至20世纪90年代，商务洗涤剂发展成为一个独立的市场，不少小型合资、独资、个体企业纷纷加入其中。国内商务洗涤剂市场可以分为三个梯队。美国艺康和庄臣两大国际品牌作为行业的第一梯队，一直以品质优、价格高和服务质量好而著称。凭借其在国际市场上的知名度和美誉度，艺康和庄臣的产品一直被许多企业所采用。仅在酒店商用洗涤剂领域，艺康和庄臣的销售额就达到了 1.5 亿元人民币。第二梯队则集中了 20 多家国内生产厂商，其特点是质量较好，价格适中，服务质量较好。这些企业在产品、定价和促销等方面具有很大的同质性。处在第三梯队的均为地方小企业，共计千余家。这些企业通常专注于一个特定的区域市场，依靠人脉关系和低价格占据一定的市场，产品质量和服务水平参差不齐。

随着国内消费者个人收入水平的提高，外出旅游和餐饮费的投入也呈逐年上升的趋势，商用洗涤剂的需求量也随之增大。尽管如此，该领域是一个既混乱又竞争激烈的行业，这主要表现为以下几个方面：一是同质化竞争严重。商务洗涤剂产品低技术含量的特点，决定着该行业的进入门槛很低。即便某公司推出差异化的产品，也只限于很短的时间，竞争对手会很快破解、模仿其配方，推出价格更低的模仿产品；二是销售货款回收困难。售于餐饮、宾馆饭店的洗涤剂产品基本上采用先货后款的定期或不定期结算方式。账期（回款时间）大都在两三个月以上，长的甚至可达半年以上，造成大量宝贵的商品资金被长期占用；三是产品损耗大。商务洗涤剂采购使用方（客户）的强势地位，加上结算方式的缺陷，使得对方往往采用一次大批量订货的采购方式，但他们常疏于对产品的保管（温湿度、包装、容器等），也缺少相应的使用登记制度，一旦产品包装破损或变质，便以质量问题或其他理由要求退货；四是商务洗涤剂生产企业的规模小，销售市场具有很强的地域性。因此人际关系和营销公关成为进入市场的重要砝码，竞争异常激烈。

2. 我国餐饮业对洗碗机的望而却步

在商务洗碗机领域，由于中国很多的餐饮企业受到固化理念和价格竞争的影响，节约成本的愿望非常强烈，更倾向于人工手洗，所以目前商务洗碗机仅在三星级以上的宾馆饭店内基本普及。一般的社会餐厅的卫生程度、就餐环境、食客层次等与星级酒店相差较大，所以目前大都采用人工洗碗，虽然成本低但餐具的卫生根本无法得到保障，而且餐具的破损率（平均月破损率为 10%）高达洗碗机机洗破损率的 10 倍。但是即便如此，由于洗碗机市场上著名品牌的洗碗机主要被欧美国家的几个大品牌所垄断，如美国的霍巴特、德国的温特豪德和迈科、瑞士的伊莱克斯，无论是购买洗碗机还是洗碗机维护，其成本都非常高，很多餐饮企业顾及高昂的洗碗机成本及在使用过程中还需要为此支付专用洗涤剂、更换配件、免费服务期满后的维修保养等诸多费用而放弃使用洗碗机。经过细致的市场调查，W 公司发现内地的社会餐厅有 95% 以上没有使用洗碗机。

3. 政策导向和人们观念的转变

近年来,随着诸多食品卫生问题的暴露,餐饮业饮食卫生越来越受到政府有关部门的重视。2015年修订的《中华人民共和国食品安全法》第四章第三十三条规定:食品容器、包装材料和食品用工具、设备必须符合卫生标准和卫生管理办法的规定。该条例严格规定了餐饮业餐具、洗具必须达到的卫生标准,以及对违反相关卫生条例的企业的惩戒措施。这些法律法规严格规定了餐饮食品的安全卫生标准,充分表明了相关部门的政策立场,为符合质量卫生标准的洗碗机经营提供了政治法律支持,也拓宽了W公司洗碗机租赁业务的发展前景。随着生活水平的提高,人们追求的是一种高品质的健康的生活状态。在饮食方面,好吃实惠不再是决定性的标准,消费者更重视的要素是健康卫生。在这种消费文化的影响下,越来越多的餐厅开始重视卫生状况,从食品本身到餐厅环境再到餐具洗具都必须达到合格的卫生标准。

4. 扩大商务洗涤剂客户群的潜在可行性

W公司商务洗涤剂的客户多为三星级以上酒店,而境外同类企业的客户以连锁酒楼居多。如泰华斯香港分公司在香港最大的客户是一个连锁的酒楼(豪皇酒楼),在香港有60余家分店,面向这一客户年销售额就超过600万元港币。在内地,也有许多的社会餐厅和酒楼。如北京的餐厅、酒楼就超过20万家,按90%的餐馆没有洗碗机计算,W公司面对的是一个有180 000家餐馆的市场。而且近年来,我国的餐饮业发展非常迅速,餐饮业营业额连续18年实现两位数增长[1],表4-1是2004—2010年餐饮业零售情况的汇总,餐饮业已经成为拉动消费、实现增长、扩大就业的重要因素之一[2]。

表4-1 2004—2010年餐饮业销售情况

年份	餐饮业零售额(亿元)	同比增长(%)
2004	7286	21.6
2005	8886.8	17.7
2006	10 345.5	16.4
2007	12 352	19.4

---

[1] 2009-2012年中国餐饮行业竞争格局与投资战略研究咨询报告,http://www.askci.com/reports/2009-09/200993174750.html.

[2] 2010年餐饮行业消费趋势分析预测,http://www.wenmi114.com/wenmi/lunwen/zonghelunwen/2010-04-12/20100412196215.html.

续表

年份	餐饮业零售额（亿元）	同比增长（%）
2008	15 404	24.7
2009	17 991	16.8
2010	22 436	24.7

数据来源：中经网。

餐饮业的快速发展、国家有关政策的支持，人们健康卫生观念的成熟等为洗碗机经营带来更大的商机和更广阔的市场，如果能顺利争取到这一市场，势必会带动商务洗涤剂的销售，从而为企业创造新的蓝海。针对商务洗碗机市场，2007年以前，面向餐馆的商务洗碗机、洗涤剂产品的销售业务，各企业均采用单品销售的传统做法，W公司也是如此。即商务洗涤剂和商务洗碗机两类产品采取分类、分开销售的政策，不实行组合式产品营销策略。且从上述分析中我们可以看出，客户关注的仍然是资源供应方面的要素，即能否质优价廉地提供客户所需要的成品，同时保障客户洗涤质量的一致性，降低客户支付成本等。上述因素为W公司服务变革提供了重要的动因。

（三）W公司两类服务

面对上述的各种因素，W公司开始思考一种新的商业模式，即服务化战略。可以说W公司通过服务化战略为客户提供了新的选择。

1. W公司新的服务——洗碗机租赁模式

W公司的洗碗机租赁业务引进了在国际餐饮业中普遍流行的Guarantee Cost（成本保全）操作方案。所谓Guarantee Cost（成本保全）操作方案是由洗碗机及洗碗机专用清洁剂的供应厂家联手制定实施的为信誉良好的餐饮业者提供的集洗碗机提供、洗碗机的使用保障、洗碗机专用清洁剂的供应为一体的综合性一揽子解决方案。

W公司依靠先进的技术、较强的生产能力同时为客户提供洗碗机、洗碗机维护以及洗碗机专用清洁剂，解决了一般餐饮客户要同时面临洗碗机提供、维修和洗涤剂提供三个供应商的问题。W公司提供洗碗机是采用租赁的模式，客户每月向W公司缴纳一定的租金，获得洗碗机的使用权，并享受W公司提供的专用洗涤剂和专业维修等产品和服务。一般单台洗碗机租期为5年，租金在当月缴纳。这种业务模式使得餐饮业客户无须支出昂贵的洗碗机的购买费用和高昂的洗碗机专用清洁剂费用，也无须再为使用过程中的设备故障维修而操心。只需按月支付一定金额的租赁费（租赁费相对于洗碗机购买价格来说很低），即可获得并享受高质量的洗碗机及使用带来的全部好处。

W公司洗碗机租赁业务的系列产品主要有：SD-700（700C）单缸掀门式洗碗机、SC-1080单缸通道式洗碗机、蓝宝（膏体洗涤剂）、催干光亮剂和除垢剂。以上每一种产品都是采用先进技术、合格工艺精心制造，获得多项质量和环境管理认证，完全符合国家安全标准和环保安全。

从上述洗碗机租赁模式的内涵以及W公司具体的操作方式可以看出W公司从传统的产品（洗碗机和洗涤剂）的分别销售转向从客户的需求出发，为客户提供综合性的解决方案，即由传统的以产品为导向的经营转变到将产品作为服务的附加物提供给客户。我们认为W公司变革前后所提供的两类服务与本研究中对服务采购的分类是一致的，即变革前的以被操作性资源为基础的服务（洗碗机和洗涤剂的分别销售）和变革后的以操作性资源为基础的服务（为客户提供集洗碗机提供、洗碗机的使用保障、洗碗机专用清洁剂的供应为一体的综合性一揽子解决方案）。

2. 洗碗机租赁模式成功的保证

W公司在洗碗机租赁业务上有四大优势：一是W公司拥有自主品牌的洗碗机；二是W公司拥有大型工厂生产清洁剂，还有洗涤剂的自动下药系统"分配器"，二者与洗碗机的组合能够保证公司以优惠的方式提供给客户，而其他厂家有的只有洗碗机，有的只有清洁剂，而缺一个都无法进行租赁；三是W公司拥有专业的售后服务队伍。洗碗机租赁不同于销售，公司必须保证机器常年24小时正常运转，一个强有力、反应快速的售后服务队伍是租赁业务所必需的，这也是W公司多年积累下来的优势；四是W公司有一定的资金实力保证，租赁业务前期投资很大，需要长时间才能收回成本。

当然，洗碗机租赁模式的成功还有一个重要的保证，即W公司比以往更加关注客户的需求，通过与客户之间的良好互动，形成了长久的合作关系。例如，在合作过程中，W公司了解到粉体状清洁剂在使用过程中经常发生受潮结块、堵塞洗碗机下药口的现象，使分配器[①]不能够准确添加，同时也给使用者带来诸多不便。但由于商务清洁剂本身就是从国外引进过来的，所有分配器全世界也只是有数家公司生产，而所有进口药液自动添加分配器都是为使用粉体状清洁剂而设计，且价格很贵。因此W公司决定独立开发"分配器"来解决客户的困扰。

W公司的开发人员进驻到客户企业的餐厅里，客户企业的直接相关人员也被邀请参与到分配器开发的项目中，经过多轮的开发—修改—再开发—再修改—试用等环节，

---

① 分配器的原理是自动测试洗碗机主洗水缸中的洗涤剂的化学浓度，当浓度不够时分配器会自动工作添加化学品至设定的浓度，当浓度达到设定值时自动停止添加化学品。分配器的最大优势就是"把人为因素降到最低、保证餐具的洗涤质量稳定、卫生达标"。

最终在双方的通力合作下，W 公司成功开发了适用液体洗碗机专用清洁剂的分配器。伴随着液体型分配器的开发成功，配套推出的液体洗碗机专用清洁剂也一同推向了市场，这就彻底消除了使用固体清洁剂的弊端而很快被广大客户接受和喜爱。

目前，W 公司已经尝试性地租出了 200 多台洗碗机，主要集中在北京，由于一些连锁餐厅在其他地方也有分店，所在还在上海和广东等地租出去一些洗碗机。经过一段时间的观察分析，W 公司已经制订出一个明确的发展计划，目前 W 公司已经向产业链上游发展，引进了德国先进的商务洗碗机技术在国内生产。截至 2011 年，W 公司已经与味千拉面、永和大王、眉州东坡、权金城、汉拿山等全国型的餐饮连锁企业签订了长期的合作协议。

3. 洗碗机租赁模式的应用案例

以 Y 餐饮连锁公司为例，如果采用购置商务洗碗机的方式，其初期投入成本将非常庞大。2009 年，Y 公司有自营店 166 家、加盟店 279 家，共计 445 家门店。由于其店铺面积较大且客流量大，需要安装通道式商务洗碗机。如果每一家门店都自购一台通道式洗碗机，即使按 50 000 元/台的最低价格计算，也需要前期投资 2225 万元巨款。此外，Y 公司各门店还需要每月支付不菲的维修保养和洗涤剂费用。

通过调查我们了解到，Y 餐饮连锁公司自与 W 公司合作以来，W 公司免费为 Y 公司的每一个门店安装商用洗碗机并且为 Y 公司的每一个门店所使用的洗碗机提供免费保养及免费的洗碗机配件，W 公司还为每一个门店所使用的洗碗机提供足量的专用清洁用品，具体品种包括洗碗机专用洗涤剂、洗碗机专用催干光亮剂、洗碗机专用除垢剂；而 Y 公司只需支付一个门店 3000 元/月固定的费用，即可获得一揽子的服务。

（四）创造价值新服务

1. W 公司客户感知价值的变化

W 公司现有洗碗机租赁业务的客户，在与 W 公司开展此项业务之前，有的可能没有使用过洗碗机，即采用人工洗碗的方式，而有的则是在使用洗碗机，只不过是自购的方式（不是租赁）。正是因为这种独特的情形，使得我们有机会了解客户在使用洗碗机租赁业务前后所感知到的价值的变化。

在与 W 公司客户的交谈中，我们了解到与传统的人工洗碗相比，洗碗机有许多优点：省去了人工洗碗的抹擦等步骤，而加进了消毒、烘干等环节，提高了卫生状况，减少了病菌感染的机会；自动控制水的用量，有一定的节水效果；采用立体喷射水流，使深碗的角落也能得到清洗。此外，与洗碗机销售相比，租赁业务有着很大的成本优势，可以以低成本吸引很大一部分顾客，特别是一些小型餐厅，洗碗机较高的成本曾让它们望而却步。

表 4-2　W 公司客户感知价值的变化

	洗碗机租赁	洗碗机购买	人工洗碗
机器的购置成本	低	高	无
维修成本	低	高	无
清洁剂成本	低	高	高
人工成本	低	低	高
卫生问题出现概率	低	低	高
餐具破损率	低	低	高
额外辅助设施（接台、热水器等）	有	无	无

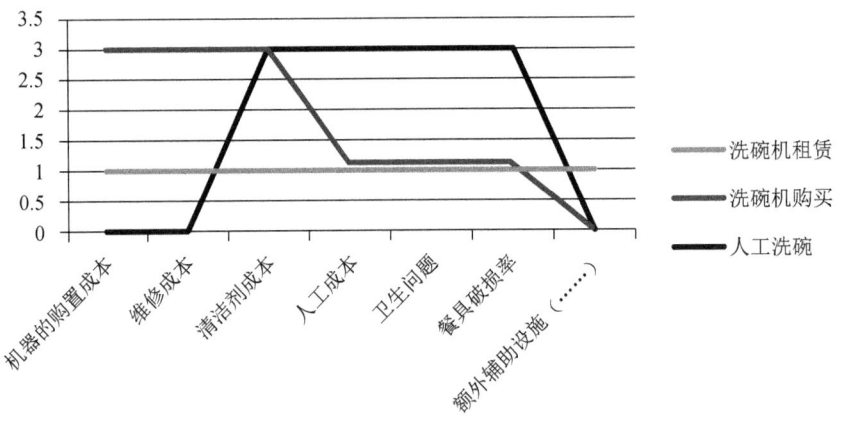

图 4-1　W 公司客户感知价值的对比图

表 4-2 和图 4-1 说明洗碗机租赁在客户使用效用上具备绝对优势，而且可以为客户提供其他两种方式没有提供的额外增值服务。这种模式推出后，得到了客户的广泛接受和认同。从上述感知价值的变化可以看出，租赁这种新的业务模式不仅降低了客户的采购成本，还降低了客户的交易成本（搜寻新的供应商、维修、沟通、谈判等的花费），密切的合作使得双方之间的信任感加强，提高了关系价值。而技术上的支持和对客户细微需求的认真对待提高了客户的感知技术价值。因此，W 公司的很多客户在访谈中都纷纷表示想要跟 W 公司建立长期合作关系。

2. W 公司经营绩效的变化

对 W 公司来说，这一新的服务模式能否为公司带来较高的投资回报呢？事实说明，

W公司的发展呈现出了较好的状态，其总体的经营规模和利润率都有实质性的提升，到2009年公司已经成长为年销售收入9830万元人民币、在商务洗涤剂业排位第三的行业挑战者。此外，在业务竞争力上，这种服务战略产生了较好的绩效，以北京为例，短短一年间，W洗碗机额保有量由132台增加到778台，分配器的开发成功使W公司的年销售收入在其后两年由几百万元提升到2000万元。特别是在商务洗碗机领域，以往单纯的产品销售，往往陷于行业价格战的泥潭，其纯利润率不足10%，而采用新的服务模式后，企业的纯利润率提升到了30%左右，而且维系了一大批长期合作的客户。

综上，我们可以看出W公司的新服务——洗碗机租赁模式节约了分散性销售和管理（亦即客户购买洗碗机、维护洗碗机、保证洗涤质量、劳工支出等活动）所产生的直接和间接费用，也使得客户在获取整体服务价值的同时，享受到了更为低廉的总成本价格。在传统的产品服务中，供应商只是简单的产品提供者和产品的制造者，而在新的以服务为导向的洗碗机租赁业务中，供应商的角色具有多重身份，一方面供应商既是产品的制造和提供者，另一方面，供应商更是服务系统的设计者和要素的整合者。新的服务模式中，客户的角色也发生了相应的变化，它们不再只是通过购买转移产品地点的买方，更是通过参与和互动与服务供应商协同创造价值的不可或缺的一方。

二、F公司服务战略案例

伴随着我国经济的飞速发展和人民生活水平的不断提高，效率高、商品齐全、购物环境舒适的超级市场正在得到越来越多消费者的青睐，连锁超市得到了迅猛的发展，已经成为中国商业零售业的主流业态。在改革开放浪潮和各种利好局势的推动下，农村地区经济也有了新的发展，农民生活质量、生活环境、农村商流业三大问题，成为解决"三农"问题的重要课题，农村连锁超市模式也顺势而生。为更好更快地激活农村经济，建立和完善农村商流模式，改善农民生存环境，解决"买难卖难"问题，中央政府逐年加强对农业发展的政策导向和扶持力度，为更好地支持社会主义新农村建设，商务部提出"万村千乡"市场工程项目，以扶持和促进农村商流业的快速发展。全国地方各级政府积极响应商务部提出的"万村千乡"市场工程号召，特色性地开展区域性"千村百镇"工程项目，旨在推动农村连锁加盟超市的发展。然而在"千村百镇"工程不断发展过程中，逐步凸显出严重的采、配、销脱节现象，商品配送不及时、供货不稳定、断货缺货现象时有发生，更存在订货周期长、商品周转慢、退换货不及时、供应品种单一、商品价格不稳定、部分商品进价过高等系列问题。正在这种背景下，一些企业开始积极地探索运用服务主导的供应链来实现各利益方的价值，同时有效地推动农村商业连锁业的顺利发展。

这其中F公司就是这类企业，该企业位于山东省泰安市，它依托泰安食盐专营网络建立的现代物流企业，自2003年建立以来，充分发挥食盐流通渠道的优势，整合社会资源，在泰山脚下建起了独具特色的物流平台，打造了一座没有围墙的超市。现F公司下设6个分公司、7个专业物流配送中心、32部配送车辆，拥有资产7700多万元，现有员工120人。F公司主要是采用第三方物流的方式，利用遍布城乡的商业零售网络，从事面对城市社区和农村市场的商品流通，使得商品从产区及生产商直接输送到零售终端，实现缩短商品供应链、提高消费者生活质量的目的。

（一）F公司变革的背景

作为发展中的农业大国，农村经济的发展对于促进中国国民经济发展，对于整个国家的安定团结，都有着举足轻重的作用。特别是近些年来，中国的农村市场得到了长足的发展，不仅农业产业和政策得到了推进（即农村生产的发展、农村金融体制改革的各项试点迈出较大步伐，扩大了农业政策性保险试点范围），农村基础设施加快改善，而且农民的人均收入水平也有了较大的提高，使得农村成为启动国内需求、大力发展连锁经营的关键领域。例如，2007年全国农民人均纯收入达到4140元，比2006年增加553元；名义收入增长15.4%，实际收入增长达到9.5%。其中，工资性收入和家庭农业经营收入分别增加221元和224元，是收入增长的主要动因。2010年我国农民人均纯收入达到5919元，比2009年增加766元，是历史上增加额度最大的一年。农民人均纯收入实际增长10.9%，也是多年来罕见的一个高水平，在相当长的时期内第一次增长速度超过城市。然而尽管如此，"有场无市"的现象在中国却非常明显，亦即虽然中国的农村是一个巨大的潜在市场，但是现代化的商业体系并没有真正建立，中国的农村市场由于长期受到城乡二元经济①结构和农村生产力水平较低的制约，当前农村商品流通存在设施不足、方式陈旧、成本较高、农民进入市场较难等问题，不仅影响农业生产和农民增收，也抑制了农民消费，延缓了农村市场化进程，成为农村发展面临的新瓶颈。具体讲，"不方便，不安全，不实惠"反映了中国农村当前的消费总体现状。据中国商务部《农村市场体系建设"十一五"规划》，中国农村市场实行连锁经营的交易额占农村总交易额的比重不足10%；农村日用消费品90%以上通过对手交易销售；农村商品流通的信息化建设处于起步阶段，农村批发市场仅有9.23%的市场全部或部分采用了电子商务交易技术（商务部2006）。中国农村市场在呈现出"有场

---

① 二元经济（Dual Economies）：对发展中国家早期发展阶段的一种描述，是指经济从完全依赖于农产品的生产状态向生计农业部门与现代工业并存的二元状态的转变。

无市"现状的同时，另一个方面还存在着"有市无场"的状况，换言之，如今的中国农村市场虽然有一些夫妻店、食杂店等简单的商业形态，但是市场经营秩序非常混乱，假、冒、伪、劣商品充斥市场，广大农民无法辨别真伪，形成市场无序竞争。另外，主辅经营渠道缺失和市场监管松弛，造成农资经营市场价格高低不一、质量参差不齐，随意哄抬价格和恶性竞争随处可见，坑农、害农事件时有发生，广大农村也是假冒伪劣泛滥最严重的地方。目前国内有1/3以上的农民购买生产资料、消费资料要跑到县以上的市场去找。据中国消费者协会的调查显示，31.3%的农民认为购买生活资料不方便，37.2%的农民认为购买生产资料不方便。目前农村居民人均固定商业面积不足0.1平方米，仅为北京、上海等大城市的十分之一。另外，农村消费物价指数持续高于城市，农民收入增幅与农村物价增幅反差较大。

正是在这种状况下，政府启动了社会主义新农村建设，商务部2005年制定并发布了首个关于农村市场体系建设的国家级专项规划《农村市场体系建设"十一五"规划》。根据规划，到2010年初步形成以乡村零售网点为基础，以大中型批发市场和连锁配送中心为骨干，以各类农村流通合作经济组织和大中型农村流通企业为主体的农村市场体系。并且为了落实该规划，商务部、财政部在2005年将"万村千乡"市场工程的试点项目纳入资金支持范围。承担"万村千乡"市场工程项目的企业，为建设或改造配送中心而向银行借贷的中长期固定资产投资贷款，会获得1年贷款利息补助（中、西部地区贴息率不超过3%，其他地区贴息率不超过2%）。企业开办的每个乡级农家店将得到2000元的补助，每个村级农家店补助3000元。中、西部地区的每个农家店补助标准还可分别增加800元。此项资金主要用于对县级区域性商品（包括日用消费品、农业生产资料）配送中心、配送设施及信息系统的改造、建设项目；以及乡（镇）级与村级农家店建设和改造项目。获取此项资金支持企业须满足几点：一是经批准列入试点地区的试点企业，符合资金使用范围且在规定时间完成配送中心及农家店建设、改造项目；二是承担项目的企业依法注册，无销售假冒伪劣产品、坑农害农的记录，并与所在地的地级以上商务主管部门签订了不销售假冒伪劣产品保证书；三是配送中心的建设、改造项目贷款，经国家开发银行等政策性银行或中国农业银行等商业银行批准同意，承办企业与银行已签订贷款合同；四是农家店标准符合商务部制定的《农家店建设与改造规范》。针对农村流通环节薄弱，"万村千乡"市场工程建设试点以引导城市连锁和超市向农村延伸发展"农家店"为重点，按照农村实际，制定乡村两级店标准。鼓励乡镇级"农家店"从事农资、日用小商品的批发与零售经营，以及政策允许的农副产品购销业务等。村级"农家店"以零售服务为主[①]。

(二) 各主体及价值诉求

中国农村市场流通的上述情况,以及目前的政策取向,不仅要求在该领域能建立起现代化的商业体系,而且要求在这一过程中能有效地整合各种经济主体,实现与相关经济主体和利益相关方的有效互动,系统性地解决各方存在的挑战和问题。从网络的构成来看,在中国的农村流通体系中,必然涉及供应商(提供产品的生产型企业)、金融机构、客户(农村商业终端)、地方政府以及物流配送方。这些主体虽然形态和功能各具差异(有的属于供应链上下游,有的属于社会管理型机构,有的属于纯服务型企业),但是他们共同构成了中国农村市场网络发展的推动者,同时也面临着各自不同的挑战和潜在问题,从而产生了相应的价值诉求点。

第一,对于供应商而言。随着中国农村市场的发展,农民人均收入的提高,尤其是在政府大力推进新农村建设的状况下,生产企业都在积极开拓农村市场,试图将自身的产品成功销售到农村市场。然而生产企业在面向农村市场的时候,面临着很多挑战和自身难以解决的问题,一是目前很多地方农村市场的流通渠道或环节相对漫长,工业品进入农家,往往需要经过地区批发、县级批发、镇级批发,直至村店,其结果造成厂家对渠道和市场的把控相对薄弱,并且为了有效进入农村市场,对生产企业的铺货量要求较高;二是由于农村市场管理的薄弱,供应商虽然能直接控制和管理一级批发商或经销商,但是由于鞭长莫及,他们对于下游端则难以掌握,在这种状况下,商品的安全性受到了挑战,特别是假冒伪劣商品往往会对品牌产品造成严重的冲击,危害供应商自身的利益;三是农村流通渠道的复杂性以及管理的欠缺性,使得供应商面临着资金管理特别是回款的压力,亦即虽然厂家为了开拓市场进行了大量的商品投入,但是如何保证资金的及时回笼,确保资金账款的安全性,成为供应商面对农村市场遇到的最大挑战。

第二,对于金融机构而言。积极拓展农村金融业务,实现农村金融服务的创新是当前中国农村金融市场发展的关键。这些年来,尽管中国的农村金融得到迅猛的发展,例如,截至2010年9月末,全国涉农贷款余额11.13万亿元,较2007年底增加5.02万亿,占各项贷款的比重达22.7%。其中,农林牧渔业贷款余额为2.29万亿元,比2007年末增加0.78万亿元;农户贷款2.56万亿元,比2007年末增加1.22万亿元。但是,农村金融服务仍然处于相对落后的状态,据农业部统计资料,2004年中国农业增

[①] 资料来源:国家商务部、财政部联合下发的政策性文件。

加值占GDP的比重近15%，但农业在整个金融机构占用的贷款余额不足6%。农民和农村企业从正规渠道获得的信贷支持不足30%。此外，面对农村金融需求的日益增长，农村金融创新不够，仍维持"存贷汇"老三样，服务功能不全，未能拓展代理保险、代收代付、理财咨询等中间业务，未能帮助农民改进理财观念和消费观念。贷款方式单一，未能给贷户提供管理和信息上的服务，资金结算不畅。所有这些都需要金融机构能结合中国农村市场的现状，强化农村金融机构支持"三农"的制度约束和政策引导。依靠法律强制和政策引导推动建立农村信贷稳定增长机制，依托政府和市场的双重作用，紧密结合农村经济的特点和新农村建设的要求，同时积极转变金融机构的经营观念，增强"三农"服务意识，加快金融产品和服务的创新。

第三，对于农村的商业终端而言。积极拓展农村的商业网络是近年来农村零售发展的重要特征，特别是农村连锁加盟店的发展较快，可是在农村商业发展的过程中，农村商业终端也遇到了很多挑战和发展的阻碍：一是在经营商品品种方面，商品组合缺乏有效营运指导，新产品跟进力度不够，缺少品牌供应商，特别是日用、洗化和小商品缺少知名品牌。部分商品供应商过多过杂，特别是小食品品牌，导致商品质量参差不齐，甚至容易出现假货，存在品项不全、品种不够丰富的问题；二是资金方面，商品周转慢，资金占用现象严重，资金周转困难，流动资金少；三是在供货方面，订货周期长，无法保证商品及时上架，导致断货、缺货率高，供货不足，退、换货困难，提供的商品出厂时间过久，临近保质期中后期，不利于商品销售；四是物流配送方面，缺乏高效的信息管理系统，条码存在问题，订货困难，配送体系不完善，不能保证及时配送，且常出现商品品种或数量与要求不符的现象。

第四，对于地方政府而言。近年来，随着我国改革开放的不断深入和社会主义市场经济体制的逐步完善，农村商品流通总体上势头较好。但长期以来，由于受城乡二元经济结构影响和农村生产力水平较低的制约，农村的市场化进程较慢。国家提出有针对性的政策措施，《中共中央　国务院关于促进农民增加收入若干政策的意见》（中发〔2004〕1号），《中共中央　国务院关于推进社会主义新农村建设的若干意见》（中发〔2006〕1号），《国务院办公厅转发商务部等部门关于进一步做好农村商品流通工作意见的通知》（国办发〔2004〕57号），文件中明确指示了"万村千乡"市场工程建设的精神，并提出了当前农村商品流通工作的重点，一是努力搞活农产品流通，大力发展农产品物流；二是大力培育农村消费品市场，大力改善农村消费环境；三是规范发展农业生产资料市场；四是积极引导农民进入市场。通知同时要求乡镇级"农家店"原则上以批零结合的综合性服务为主，鼓励其从事农资、日用小商品的批发与零售经营,以及政策允许的农副产品购销业务等。然而,从政府管理的角度讲,虽然国家制定了明确的农村市场发展的政策建议,但是如何运用市场的机制落实上述政策,并且真正使新农村建设能有序地进行,使农民享受到其应有的福利,这些都是地方政府面临的现实挑战和问题。特别是杜绝假冒伪劣产品对农民利益的损害,这一目标仅仅靠地方政府的行政监管是很难完全实现的,而且这样做往往行政成本较高,而效果却不一定非常明显。

第五,对于从事农村物流配送的企业而言。农村市场远离经营商品源头,要满足持续经营,并取得性价比较好商品的竞争性支持,依靠单打独斗是不可能实现的,这时候作为中间枢纽环节的物流中心积聚规模效应就显得直接而且重要了。然而,配送中心作为连接连锁终端与源头市场的桥梁和纽带,在实际运营中有着如下问题:一是当前农村物流的信息化、机械化水平较低。我国部分农村连锁经营企业都建有自己配套的物流配送中心,其中主要原因是我国目前有相当数量的连锁企业,都是城镇大型连锁零售企业在传统的副食品公司、蔬菜公司、粮店以及其他配套网点的改造和整合的基础上建立起来的。这些传统的企业,都有很丰富的场地、设施设备、人员等建立配送中心的基础,而且这种配送形式有较大的比例。然而建成的物流配送中心,大多数信息化和机械化程度较低,主要依赖于手工操作,配送效率低,对店铺的反应速度较慢;二是农村分散化生产经营与连锁超市的经营需求不相匹配。我国大多数农村生产经营以家庭和农户的分散经营为主,规模较小,管理水平和组织化水平较低,所供应的农产品有明显的季节性特征,质量参差不齐。此外,农民居住分散,人口密度低,而村镇销售网点严重不足,商品质次价高,售后服务不完善,不配套等,均抑制了农民的消费热情。物流业作为微利性行业,特别是仓储业、货运代理业毛利更低,因而缺乏龙头企业,难以形成规模经济,严重制约了农村物流业的发展;三是不成熟的消费环境和农民消费意识影响了农村物流配送水平的提高。农村连锁超市多远离城区,特别是边远乡村、山区农村山高路远、人口分散,店铺大多经营规模小,商品统一配送运输成本高,经营风险高。农村经济收入低,部分农民对商品价格十分敏感,使得廉价的假冒伪劣产品得到生存,从而给从正规渠道进货的农村连锁店、超市经营带来很大冲击。

(三)F公司的互动模式

针对中国农村市场所面临的问题,以及各类主体所遇到的挑战,F公司在当地利用自身的网络体系,结合各类社会性的资源和能力,通过打造以服务为主导的供应链物流体系,实现了与各方之间的互动,既实现了自身的经济价值和发展,又有效地使社会性价值得以体现。具体讲，解决"三农"问题单纯靠一家物流企业难以实现，需要以物流企业为中心形成一个多方组成的利益共同体，物流企业提供一个平台，吸引和组织相关企业，在这个平台上，通过发挥各自的优势获得利益，同时共同建立和维护服务品牌，在利益共享、风险共担的过程中共同发展（见图4-2）。

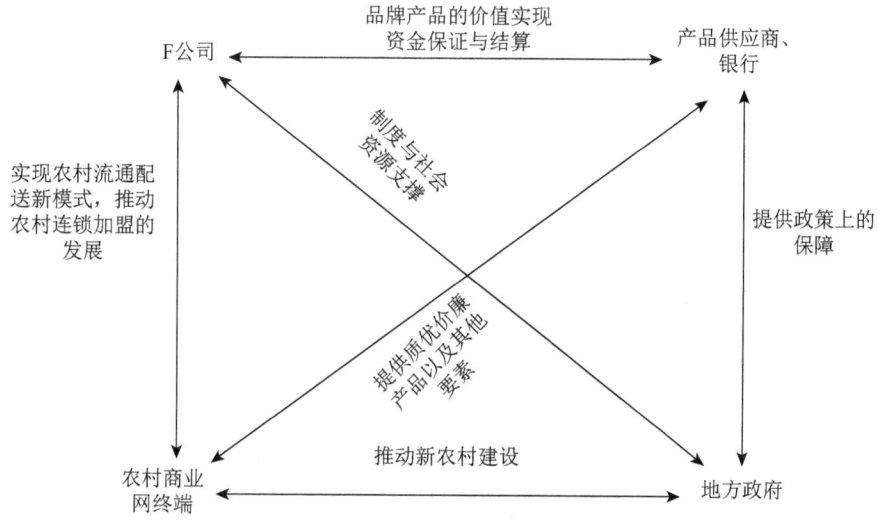

图4-2 F公司服务供应链互动的基本框架

第一，在F公司与产品供应商之间的互动关系上，F公司首先在泰安市场根据服务人口和区域特点建立了26个业务部，每个业务部服务于3~4个乡镇。业务部的职能一方面是帮助企业将供货方的产品从F公司的仓库配送至农村的终端网点；另一方面是帮助企业开发市场，争取将农村的商业终端纳入企业的平台之上，或者开发特许加盟。在物流网络的建设上，F公司在泰安除了建立两个物流中心外，还在最接近于销售终端的位置设立了"码头"，即二级物流仓库。通过这种扁平化物流网络的建立，一方面对于供应商而言，实现了产品对接终端网点的目标，建立了新商品铺货机制，通过物流网络迅速将代理商品铺遍全市，同时该物流网络给供应商带来了另外一个潜在价值，即有效地杜绝假冒伪劣产品对供应商的危害，确保供方产品的安全性，保障其应有的利益；另一方面对于F公司而言，这种网络化的建设不仅为供应商带来了潜在利益，同时也确保了优质优价的品牌货源供应，为F公司的经营奠定了良好的基础，也稳定了企业与供应商的关系，使得双方通过这种稳定、持续的关系共同发展。

第二，在F公司与银行之间的互动关系上，双方也形成了良好的促进。F公司与中国农业银行开展合作，共同搭建电子结算系统。具体而言，中国农业银行为F公司的所有参与方（包括供应商、分公司、业务部、连锁加盟商等）都设立了"电子钱包"系统，这样每卖出去一件产品，应得的收益进入各自的电子钱包，从而缩短了利益各方的现金流量周期，提高了资金效率。与此同时，为了实现上述目标，在资金结算平台的建设上，双方共同制定并设计了一套风险管理机制，这主要包括：一是在产权界定上，在商品最终销售之前，所有权归属F公司；二是加盟商若要进入这个网络，需要以首批进店商品的50%作为风险金，存入加盟体系，防止违规操作；三是加盟商需将一定数额的资金（一般是日平均销售额）作为结算底金，预存到农行卡中，以保障实销实结。正是以上这套风险管理机制，使得F公司的资金结算体系真正为利益各方带来了效益，同时也使得银行本身与产业企业形成了良好的合作，不仅产生了资金收益，同时也实现了金融业务的创新。

第三，在F公司与农村商业终端之间的互动关系上，F公司采取了两种不同的经营和管理体系。一是对农村自由独立店铺，亦即保持原有农村店铺的独立性、各自的资产所有权关系保持不变，对于这类店铺，F公司主要是指导经营，并不直接加以管理，同时对店铺是否安装POS机也不做要求。对于这类店铺来讲，与F公司交往的最大收益在于获得质优价廉的品牌产品和配送服务；二是对连锁加盟店铺，F公司在农村终端建设方面发展了"小康树"业务，加盟商一旦成为其"小康树"的成员，签订加盟合同，取得使用总部商标、商号、经营技术及销售总部开发商品的特许权，那么其经营权就集中于总部，F公司要求这些加盟商在附近的中国农业银行开立账户，办理银行卡，按首批货款的一定比例预存销货款，开始营业后，店方每天按时下载、上传数据，公司依据每天的销售额，扣除店方的毛利，通过网上银行从店方账户中划拨。与此同时，"小康树"连锁要求分店必须安装POS收银设备，以便F公司及时了解并获取商品销售的信息。通过这种模式，F公司，直接掌握了农村商业终端的网络以及经营信息，从而为其更好地服务于供应商以及其他利益相关者奠定了基础。而对于农村的商业终端来讲，该模式不仅保障了优质优价产品的及时供应，同时也使得其经营利益得到了有效保证，特别是"小康树"成员由于能享受到许多特定的经营项目（如政策性经营项目等），从而有利于经济收益的实现。

第四，在F公司与地方政府的互动关系上，这种综合平台的打造真正实现了企业效益与社会效益的同时实现。从社会效益实现的角度看，F公司的服务主导型供应链网络的运作实现了如下七个方面的宏观效应：一是解决了农村闲置设施的再利用问题。"小康树"连锁店和加盟店主要利用的是闲散的社会资源，其中有过去的国有体系下已经废弃的厂房、商品房，有农民积淀的闲置房产，有濒于瘫痪的店面等，盘活了农村闲置资源；二是部分解决了农村劳动力转型的问题。本地化操作使连锁店使用劳动力 1600 多人，加盟店使用劳动力 16 000 多人（含兼职）；三是提升了农民合作者的经营素质和水平。F 公司常年坚持的员工现代经营理念培训、信息技术培训，使当地农民的文化知识进一步得到提高和丰富；四是不断延展系列化服务。其实施的"信福工程"，在重点的连锁店设立了专网电脑，及时将当地"三农"信息上传。农民可以方便、免费查询有用的信息。报纸征订、邮政服务、保险咨询、文化娱乐等服务项目受到农民欢迎；五是优质的产品下乡，将假冒伪劣产品挤出了农村市场，维护了消费者利益；六是农产品的加工输出，部分解决了农产品"销售难"的问题；七是在部分农村起到了商品流通的主渠道作用，减少了政府的监管成本，提升了监管效果。从企业效益实现的角度看，F 公司通过上述社会性绩效的实现，使其获得了合法性，亦即这种网络化的服务运作既符合了政府发展农村经济、强化新农村建设的要求，又较好地实现了提高农民经营能力、提高收益的迫切需要，因此，使企业自身获得了良好的投资、市场和认知的合法性收益。从利益相关者理论的角度看，F 公司的运作不仅使其拥有了在社会网络中的合法性，而且由于这种经营活动一方面对于地方政府而言，具有急迫性（落实新农村建设以及抑制假冒伪劣商品的迫切需要）；另一方面具有了权力性（能够对促进新农村建设产生影响力），从而使得 F 公司成为核心利益相关者，确保了企业持续稳定的发展。

第五，在地方政府与农村商业终端以及产品供应商和银行之间的多方互动关系上，通过 F 公司服务供应链网络的搭建，他们实现了相互之间的互动和利益。在地方政府与农村商业终端的关系中，一方面农村商业终端通过 F 公司的网络，有效获得了政府的政策支持，促进了规范和现代连锁经营体系的发展，另一方面地方政府的新农村建设也通过这一网络得以在基层有效地贯彻实施。在政府与产品供应商和银行之间的关系中，政府为产品供应商和银行的经营活动提供了政策上的保障，减少了供应商和银行的经营风险，而产品供应商和银行及时地将优质资源和产品导入到了当地市场，促进了地方经济的发展。

（四）F 公司的互动绩效

借助于服务主导的供应链网络运作，F 公司先后与百事可乐公司、浙江纳爱斯集团、山东泰山生力源集团股份有限公司、中糖集团、山东菱花味精股份有限公司、娃哈哈集团、高露洁棕榄集团等十几个国内名牌企业缔结成合作伙伴关系，成为这些品牌的区域代理商。F 公司生产的自有品牌也取得巨大成功，在国内一些大中城市已拓开销路，其经营商品范围涵盖食品、饮料、洗涤化妆、百货、纺织品、儿童玩具、酒水等八大门类，200多个品牌、9000多个单品。目前F公司已建成县级中心店8个，乡镇级连锁店412个，村级加盟店8120个。到2006年，其年收入达到1.6亿，门店毛利达2080万元。

如今市场竞争已不再是单个企业之间的竞争，也不仅是"链"与"链"之间的竞争，而是价值网与价值网之间的竞争，通过互动构筑良好的商业生态系统对于企业的长远发展提供了良好的基础。F公司的案例验证了以服务为基础的价值网络互动模式的适用性。

1. 构建网络互动的原动力以及互动的主体不是单一的

由以上F公司的案例可以看出，构建服务主导供应链主体互动的原动力不是单一的，而是外部环境的拉力、利益相关者的作用和企业作为价值创造主体的推力共同促成的。一方面，由于商品流通速度的加快，特别是政府推进市场化、城镇化的建设，使得商业领域变得日益平坦化。但是与此同时，由于信息的不对称，以及经济发展的不均衡，或者管理上的差距，必然造成市场中的沟壑以及发展不均衡；此外，需求的日益多样化，产业融和趋势的加深，使能否为网络参与者创造更多的价值（而不仅仅是单方面的客户价值）成为各个主体、各个链条、各个网络的制胜分水岭。因此，在这种多矛盾存在的状况下，服务主导供应链的互动不可能只是供需买卖双方之间的互动，而是需要考虑到商业情境下所有的利益相关者，只有将所有的利益相关者都纳入服务主导供应链网络互动的体系中，才能真正实现各方的价值诉求，并且使服务集成商的经营建立在长期、持续发展的基础上。

2. 服务主导型供应链互动的价值取向是多维的

通过案例可以看出，由于服务主导型供应链参与者的多样性，必然造成互动的价值理解或取向是多元的。这种价值包括原发价值、诱发价值和社会价值。原发性的经济价值是指于交易当期所创造并且实现的经济收益，也称为经济性价值。原发性价值是可以用直接量化标准来评价的经济性价值，如产品、服务及其他交换物的交易。这是组织间最基础且最常见的交易活动，也是促使交易发生的重要因素（McLoughin and Horan, 2000）。它是交易活动中获得与支付项下可以用货币单位衡量的项目，如购买价格、运输成本、订单处理成本等。除了原发价值外，服务主导型供应链互动的另外一个价值取向是诱发性价值，诱发性的经济价值是随交易关系的持续，在未来或远期转移生成的价值，因此它最直接的表现就是关系的持续（partnership link duration）。供应链伙伴关系直接表现在合作关系的持续性上。交易合作关系的持续性是区分简单交易和长期伙伴关系的关键要素之一（Rao and Perry, 2002），一些研究也表明供应链伙伴在发展有效协调和知识交换方面，如果交易持续的时间是短暂的，其结果是不经济的。认知和获取对方的资源，并且确定合理的方式需要一个较长的时期才能实现，只有伙伴之间的协调交易关系维持较长的时期，才能产生一种共同的认知，从而促进独特的有效沟通（Kotabe et al., 2003），此外，合作关系的持续性能推动组织之间的适应能力和协调能力，产生关系性特定资产。除了上述两种价值取向外，在服务主导型的供应链网络中，社会价值也是一个重要的维度，相对于经济价值而言，它是基于伙伴关系产生的非经济性社会收益，包括信任、承诺、较少的机会主义等（Gassenheimer et al., 1998），显然，这种社会价值就是上面提及的诱发性价值。而我们这里所谈的社会价值是一个更为广义的概念，亦即通过自身和自我实践活动满足社会或他人物质的、精神的需要所做出的贡献和承担的责任，这种价值在于体现各参与者的社会公民角色，推进社会福利的形成。正是这种多元的价值诉求和取向，推动了服务主导型供应链的形成，并且产生了利益相关者之间复杂、多层次的互动。

3. 网络成员互动的内核在于内外资源的整合

传统的资源划分方法认为，企业资源主要是指企业内部资源。而在"竞合"观念下，企业外部资源成为企业资源的重要构成部分。资源整合的目的不是面向产业，而是面向企业的生态系统——包括以组织形式参与的社区、机构，以及以个人形式参与的企业客户、供应商等。因而相关的群体包括了上下游企业、规则的制定者、标准设定的主体等。整体网络价值的创造要求单个组织集中型的生产组织形式让位于分散化的企业网络的组织形式。这种组织形式要求充分利用外部资源和能力，以网络互动的方式提高整体竞争力。另外，各个组织作为服务主导型供应链网络中的一员，可能往往只拥有某些利益相关者特性，而欠缺其他特性，诸如只有权力性和紧迫性，而没有合法性，或者虽然具有合法性和急迫性而没有权力性（诸如产品供应商）等，但是通过这种多方的互动性行为，可以使各方相互之间形成紧密的合作关系，从而弥补各自欠缺的特性。这种资源和特质的整合具体表现在：一是与上下游企业建立纵向合作联盟，形成共担风险、共享利润的链式结构，从而实现双方的权力性和急迫性；二是与政府部门、银行等环境利益相关者形成相互补充的辐射式价值创新渠道，同时实现合法性；三是产业内各相关业务板块协同专业化，形成适应需求多样化、动态变化的外部环境，同时提升由多条价值链构建成的创新网络绩效的星座式架构。由此，能够通过融合企业内部的协同专业化资产创造特别的价值（Teece, 2007）。

4. 互动能力体系的形成是服务主导型供应链绩效实现的关键

服务主导型的供应链互动模型不仅是多利益主体之间的行为性交互过程，更是多能力形成和发展的过程，从上述案例可以看出，服务主导型供应链的互动能力主要包括四个方面：一是人力互动能力（human interaction capability），这种能力主要指的是感知、捕捉新机遇，整合和保护知识资源和技能的能力（Teece，1997），这种能力强调的是通过人员之间的互动传递知识、运用知识的过程（Nonaka，1994）；二是技术互动能力（technological interaction capability），这种能力是一种运用技术资源（如信息系统、物流运营系统）将各组织手中的隐性知识和能力积累、编码、结构化的过程，这是实现供应链绩效的保障体系，没有良好的技术互动能力，即便拥有良好的知识和资源，也很难实现有效的传递、分享和整合；三是管理系统的互动能力（managerial systems interaction capability），这种能力来自管理流程建立中的互动能力，亦即采用正式（如管理模式）和非正式（如长期关系、信任体系等）的方式创建知识、整合知识的能力（Leonard-Barton，1992），这是一种相互之间互动商业模式构建的过程，这种能力能够使参与方实现各自的原发价值、诱发价值或者社会价值；四是文化互动能力（culture interaction capability），这种能力是通过互动充分认知和认同各自的价值观和文化，形成大家共享和遵守的规范和规则的能力，这种能力的形成是服务主导型供应链互动的制度性保障。

第五章　会展业进入资本市场新战略

　　《2016年中国会展行业资本市场发展报告》指出，国内会展行业在过去的几年内获得了较快的发展，但是未能在国内资本市场获得较大关注。同时，因为各种原因，国内会展企业存在行业分散、集中度低的现状，凸显出行业整合的趋势和机会。相比境外会展上市企业在全球范围内（尤其在中国市场上）通过投资和并购取得会展业务的拓展，我们国内的会展企业尤其需要获得本土资本市场的支持。但获得资本市场的青睐需要从多方面入手，结合相应的市场战略，才能使会展业获得更好的发展。

　　中国会展经济研究会副会长王青道先生在《资本如何对会议展览业产生影响》一文中提到，"近两年会展业的发展势头不错，先是由资本市场推动的会议技术与在线平台高调介入，而后就是会议展览企业在新三板陆续挂牌，并购、重组这种在别的行业司空见惯的资本玩法，开始成为我们这个行业的新鲜事儿"。由于会展业在资本市场上的出现也只是近十年间兴起的，所以这一话题的相关研究较少，对于资本话题的讨论也是浅尝辄止。

　　最初，资本作为一种新模式常在会展企业转型方式中提及，期望借力全球经济一体化，改变会展行业内政企不分的局面。在中国会展经济研究会发布的文献中，对于资本这一问题的讨论从2008年到现在也经历着资本有没有用、该不该用、怎么用的变化，许多研究讨论如《外资进入中国会展业的历程和模式分析》《会展新思路与盈利新模式探索》都支持通过外资兼并收购发展会展企业的思路，但笔者认为外资力量固然势不可当，中国作为后起之秀也能通过自己的力量打造会展强国，这也是现今会展业的思考轨迹。

　　另外，官方发布的《2016年中国会展行业资本市场统计分析》和《2016年中国会展行业资本市场发展报告》对目前会展行业资本市场做了宏观分析，该报告2016年为第一版，从侧面反映了公众对于这一问题的关注开始逐渐兴起，同时，这两个文件也为本章内容研究提供大量数据支持。

　　本章选取了两个切入点，从企业内部到企业外部，放眼整个行业和资本市场，采用了SOWT战略分析法，对资本市场带给企业及会展行业的利弊和现今市场的机会挑战逐一进行分析；并以此作为理论依据，制定了 SW、ST、OW、OT 组合分析，即对优势—机会组合、优势—威胁组合、劣势—机会组合、劣势—威胁组合这 4 个组进行分析，或者是利用内部优势和外部机会强强结合，或者是利用内部资源优势去赢得外部发展机会，或者是利用内部资源优势去应对外部环境威胁，或者是内外并重调整劣势减少劣势。

将 SWOT 分析应用于会展业进入资本市场的战略分析，可以使企业明确自身优势，利用机会克服弱点，规避风险，获得或保持成本优势，有助于企业将公司战略立足于内部和外部因素分析以及竞争态势的判断也为会展企业全方位思考分析是否进入资本市场提供方法与途径。

一、会展业运营战略环境

20 世纪 90 年代以来，我国会展业开始进入快速发展时期。展会数量增长，展览面积扩大，办展能力提高，场馆经营能力逐步提升，会展公司开始崭露头角，越来越多的具有影响力的品牌展会给人们留下了深刻印象。会展业的迅猛发展，给城市乃至国家都带来了诸多益处，会展行业也成为朝阳产业，推动着国民经济的发展。

随着会展行业发展态势的水涨船高，借力资本市场已然成为一些会展企业的目标。会展业自身的发展建设需要大量资金，而会展业自身特点如高额的利润回报和良好的发展前景迎合了资本市场投资者的需求，使得它有条件通过资本市场来融资扩张。

会展企业的资本运作意味着会展公司通过采购、出售、转让、兼并、托管等活动实现资源重构，最大限度地发挥会展企业的利益，通过更大范围的会展资本流动来优化内外部资源，提高企业竞争力。不管是作为高收益的朝阳产业，还是作为具有积极带动效应的辅助产业，会展业进入资本市场都将起到平衡和完善资本市场结构的作用。

1. 会展组展单位快速发展——组织基础

我国会展企业发展迅速，为其资本运营奠定了良好的产业组织基础，主要表现在以下几个方面：一是会展企业数量增长较快。按照中国国际贸易促进委员会的统计，2016 年全国会展行业办展主体中共有国内企业 1406 家，较 2015 年增加 80 家，占比 57.13%；共有行业协会 863 个，较 2015 年增加 424 家，占比 35.07%；共有 151 个党政机关，较 2015 年增加 9 家，占比 6.14%；共有 41 个外资企业，较 2015 年减少 37 个，占比 1.67%。二是出现名牌展会。中国已形成多个具有国际影响力的知名品牌展会，如"中国国际服务贸易交易会""中国进出口商品交易会""中国国际高新技术出口交易会"，这可望成为资本运营的核心会展项目。三是我国会展业已有部分引入市场运作方式。包括国有、三资、私营和股份制等多种形式，使市场主体呈现多元化发展的趋势。

2. 会展规模快速发展——市场基础

经过十余年的快速发展，我国会展业已初具规模。从 2016 年全年来看，展览行业依然得到迅速发展，全国展览总数达到了 9892 个，同比增长 7%。展览面积增长至 13 075 万平方米，同比增长 11%。在过去 8 年间，整个行业在展览数量和展览面积上分别增长了 120% 和 190%。

随着会展业办展数量和办展面积的快速增长，相应会展经济产值也实现大幅增长。根据商务部等机构的统计数据，2009 年会展经济直接产值仅为 1817 亿元，到 2014 年增加到 4190 亿元，约占全国国内生产总值 63.61 万亿元的 0.66%，占全国第三产业增加值 30.67 万亿的 1.4%。截至 2017 年底，全国展览经济直接产值近 6000 亿元人民币，直接拉动经济产出达到 5 万亿元人民币，在国内生产总值中占比达 6%。

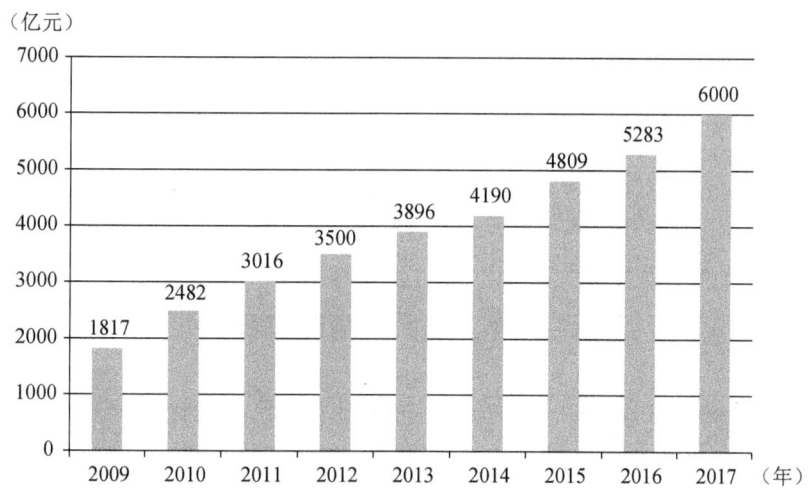

* 资料来源：智研咨询。

图 5-1 2009—2017 年我国会展业直接经济产值

通过会展项目数量和展览面积等带来的经济增长可以看出，中国的会展业在近十年来已开始逐渐具有自己的发展态势，并且规模增长在逐渐代替数量的增长，从这些数据更可以分析出，中国会展业的整体水平，包括带来的经济效益，企业的项目运营能力，会展项目的影响力，都具有了明显的提升。这也标志着会展业已经从 20 世纪 90 年代开始的跑马圈地式的粗放式发展阶段，转变到注重项目质量、注重效益的阶段，会展业已经在价格战和品牌战的基础上实现了同行的整合，已经具备了资本运作的基本条件（叶洪涛，2006）。

3. 会展专业化程度提高——运营基础

我国会展专业化程度的日益提高表现在两方面：一方面是会展主体的专业化。在发展过程中，一些专业的会展项目经营公司和会展服务公司相继出现。另一方面是专业会展的发展。如图5-2所示，气泡位置反映了各行业展览会数量的差别，气泡大小则代表了展览会的面积规模。据《2017中国展览经济发展报告》统计，在3663个经贸类展会中，轻工业展览会在办展数量和办展面积上均位居所有行业之首，重工业展览会办展数量和面积均位居第二，服务业展览会办展数量和面积均位居第三。

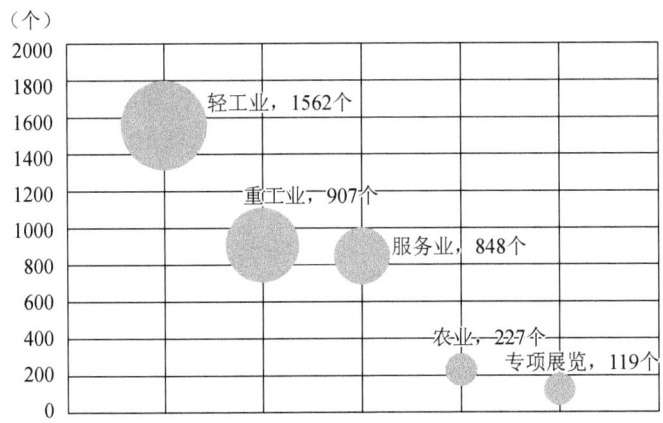

* 资料来源：中国国际贸易促进委员会. 中国展览经济发展报告（2017）[R]. 2017.

图5-2　2017年展览业细分行业规模

专业化的发展为资本运作的实施提供了方向和依据，有利于会展公司和同行业展览会的资产重组，为资本进入奠定了运营基础。

4. 会展基础环境改善——政策基础

近年来，我国政府高度重视会展业发展，相继出台多项政策优化会展业发展环境，促使其逐步走向规范化、科学化、全球化。在国家政策层面，2015年国务院印发了《关于加快发展服务贸易的若干意见》（国发［2015］8号），强调完善服务贸易政策支持体系，加快服务贸易自由化和便利化；2015年国务院颁布了《关于进一步促进展览业改革发展的若干意见》（国发［2015］15号），通过改革管理体制、推动改革创新、优化市场环境和强化政策引导，推动我国从会展业大国向会展业强国迈进；2017年商务部会同有关部门印发《服务贸易发展"十三五"规划》，明确了服务贸易及其重点领域发展的总体目标、主要任务、战略布局、保障措施等。各级地方政府对展览业的发展尤为重视，2017年相继跟进出台了会展业扶持、鼓励和规范的相关办法和意见，鼓励模式创新,注重品牌发展,为我国展览业健康发展提供了良好的政策环境。

一个行业中的公司在产品和资本市场上竞争会潜在地受到重要公共政策的影响,公司治理安排的灵活性有助于这些政策的成功实施(Jean-Baptiste E L,Riordan M H,2003)。借助资本市场的力量是国内会展企业崛起的必经之路。一方面,国内会展企业应该通过走资本市场道路规范企业发展,寻求资本市场的支持,走持续发展的道路;另一方面通过资本市场搭建融资平台,为行业整合提供资金支持,整合境内外的优秀公司和资源,走综合性服务的道路,这会是国内会展企业未来发展的方向。

根据 wind(万得)资讯内查询的数据显示,目前在新三板上有 20 家以会展及会展上下游为主营业务的企业,2015 年会展企业就已经达到 3.73 万家,然而国内资本市场上可以了解的会展及会展相关企业为 28 家,占比仅为 0.08%,这充分说明会展行业极度分散、集中度低。

二、内部分析之运营优势

1. 新三板运营情况分析

本研究选取了目前新三板上的 20 家上市会展企业进行资本市场统计分析。

表 5-1 新三版会展企业的基本情况

序号	名称	挂牌时间	主营业务*	注册地	企业性质	是否上市公司背景	是否有机构投资者参与
1	中青博联	2016.07.18	场馆经营	北京	国有控股	是	是
2	米奥会展	2015.01.27	主办和承办会议、展览	杭州	民营	否	是
3	视纪印象	2015.09.22	场馆搭建、器材租赁	武汉	民营	否	是
4	卡司通	2015.08.06	场馆搭建、器材租赁	深圳	民营	否	是
5	杰尔斯	2015.08.12	场馆搭建、器材租赁	深圳	民营	否	是
6	名洋会展	2015.02.09	主办和承办会议、展览及场馆搭建、器材租赁	北京	民营	否	是
7	广百展贸	2016.12.14	场馆经营	广州	国有控股	是	否
8	蓝色方略	2016.01.19	场馆搭建、器材租赁	北京	民营	是	是
9	振威展览	2015.11.24	场馆搭建、器材租赁	天津	民营	否	是

* 主营业务简单分为三类:以主办和承办会议、展览,提供综合服务为主营业务统计为主办和承办会议、展览;以提供会议、展览举办场馆的物业经营为主营业务统计为场馆经营;以协助完成场馆搭建、会展器材租赁为主营业务统计为场馆搭建、器材租赁。

续表

序号	名称	挂牌时间	主营业务*	注册地	企业性质	是否上市公司背景	是否有机构投资者参与
10	西典展览	2016.04.25	场馆搭建、器材租赁	北京	民营	否	是
11	西玛股份	2016.07.27	主办和承办会议、展览	广州	民营	否	是
12	中智商展	2016.08.30	场馆搭建、器材租赁	北京	民营	否	是
13	黑油展览	2015.12.21	场馆搭建、器材租赁	北京	民营	否	否
14	上游文旅	2015.12.16	场馆搭建、器材租赁	常州	民营	否	否
15	万怡会展	2016.03.21	主办和承办会议、展览	上海	民营	否	是
16	决策者	2016.05.25	主办和承办会议、展览	上海	民营	否	是
17	北辰股份	2015.10.13	主办和承办会议、展览	大连	民营	否	否
18	悠派智能	2015.11.19	场馆搭建、器材租赁	东莞	民营	否	是
19	唐是文化	2016.04.22	场馆搭建、器材租赁	太原	民营	否	否
20	三绅文化	2017.03.28	主办和承办会议、展览	天津	民营	否	否

* 资料来源:《2016年中国会展行业资本市场统计分析》。

从上表我们可以看到,以主办和承办会议、展览,提供综合服务为主营业务的企业共7家;以提供会议、展览举办场馆的物业经营为主营业务的企业共2家;以协助完成场馆搭建、会展器材租赁为主营业务的企业共11家。另外,国有控股共2家,民营控股共18家。从企业性质来看,民营控股占绝大多数,证明社会资本对会展行业的发展持有积极乐观的态度。若从挂牌时间来看,上述20家企业集中在2015年、2016年先后在新三板挂牌,短期内形成一定挂牌规模,说明会展行业已经进入迫切需要进入资本市场的阶段,其中挂牌时间最早的是2015年1月27日挂牌的米奥会展。

营收状况:根据东方财富提供的20家新三板会展企业年报数据看,2016年总计实现营收45.2亿元,平均营收2.26亿元,同比增长17.29%,而新三板10 559家企业2016年营收均值为1.65亿元,同比增长17.4%。2016年新三板会展行业总体收入保持良好的成长性,20家公司中,16家都是上升,占80%;其中营收十亿元级别的有1家,亿元级别的有11家,千万元级别的有5家,千万元以下的有3家。

表 5-2 2016 年新三版会展企业的财务绩效

序号	代码	名称	本期营收（万元）	上年同期（调整后）营收（万元）	增长率（%）
1	837784	中青博联	197 545.16	180 306.43	9.5608
2	831822	米奥会展	33 403.97	27 647.64	20.8203
3	838738	中智商展	27 228.66	18 438.82	47.6703
4	832971	卡司通	26 426.52	19 976.17	32.2902
5	870079	广百展贸	22 626.62	23 635.65	-4.2691
6	833223	杰尔斯	21 987.43	15 998.88	37.4311
7	834316	振威展览	17 821.28	13 885.84	28.3414
8	835675	蓝色方略	17 256.56	17 105.24	0.8846
9	837124	西典展览	16 783.01	12 141.23	38.2315
10	838185	西码股份	15 075.08	8189.79	84.0716
11	833529	视纪印象	10 624.29	9422.18	12.7583
12	831023	北展股份	4786.60	4104.12	16.6291
13	836148	万怡会展	4053.66	2868.56	41.3134
14	831946	名洋会展	2716.34	1348.35	101.4566
15	837621	决策者	2004.65	2015.18	-0.5225
16	834999	上游文旅	997.80	1605.50	-37.8511
17	835058	黑油展览	875.31	499.613	75.1976
18	834312	悠派智能	27 454.43	23 964.52	14.5628
19	836838	唐是文化	828.31	1391.68	-40.4813
20	871124	三绅文化	1463.07	1087.74	34.5055
合计			451 958.75	385 633.13	512.61

* 资料来源：《2016 年中国会展行业资本市场统计分析》。

资产规模：由于国内以展览主办为主营业务的上市公司很少，因此融资渠道相对单一，融资方式相对不太合理。单纯的一家展览公司很难拿出巨额的资金进行业务拓展以及行业整合。因此，目前来说缺乏健康合理的融资渠道是国内会展公司发展壮大的一大阻碍。而上市公司在资产方面就表现出明显优势。

根据 wind 资讯的信息统计，2014—2016 年会展行业平均总资产分别是：6906.18

万元、7592.80万元、8511.76万元；而新三板挂牌企业平均总资产分别是：17 760.98万元、21 937.95万元、26 309.07万元。同时，我们从图6-3可以看出，新三板挂牌企业平均总资产远高于会展企业平均值。

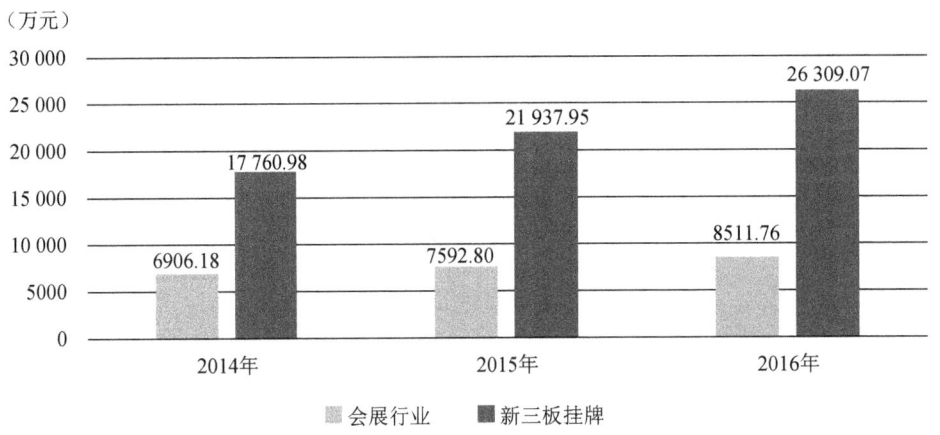

*资料来源：《2016年中国会展行业资本市场统计分析》。

图5-3 会展行业和新三板挂牌企业平均总资产对比

会展行业利润及增速对比：2016年这20家会展企业总计实现净利润2.77亿元，平均实现净利润为1385.70万元，同比增速为14.31%。同一时期新三板2016年总体年报披露新三板企业共实现了1160.66亿元净利润，平均净利润为1016.72万元，同比增速为4.75%。以上数据显示，会展行业平均净利润相比于新三板整体平均高出36.29%，且净利润增速远高于新三板整体水平，这一现状显示出新三板中的会展企业经营发展趋势相对较好。

2. 经营管理机制的转变

目前中国的会展管理模式是一种多头管理模式：政府没有统一的会展管理部门；不同的展会由不同的政府部门根据其性质、内容、范围和规模来管理。管理方法主要是设置市场准入（主体资格）和项目审批。一些政府机构在行业管理中发挥主导作用，而且两者之间缺乏协调。全国性的会展行业协会缺失，地方会展行业协会作用有限。随着中国会展业发展的进程，该行政模式在提供支持之外更多的是束缚与限制，资本市场对进入企业建立现代企业制度的要求，无疑将推动会展企业加快实现经营管理机制的转变。

3. 壮大产业和资本市场升级

随着全球经济一体化的推动，会展业的进一步发展需要通过资本市场来扩大产业。

首先，目前资本市场产权明确的特点可以帮助行业内部进行兼并重组，缓解我国会展业低水平、重复建设和低层次竞争的现状，以实现资源的优化配置和整合，使行业本身不断升级。其次，作为服务行业，会展业在我国算是首先面向经济全球化开放的范围，这对我国目前尚位于成长阶段的会展产业来说，亟须借助资本市场，通过不断的扩张，实现产业的迅速壮大。

三、内部分析之资本劣势

1. 新三板运营情况分析

平均收入规模：根据wind资讯的信息统计，2014—2016年会展行业平均营业收入分别是：18 619.73万元、19 281.66万元、22 597.94万元；而新三板挂牌企业平均营业收入分别是：11 897.36万元、13 922.76万元、16 332.54万元。从图5-4可以看出会展行业平均营业收入远超新三板挂牌企业平均值。

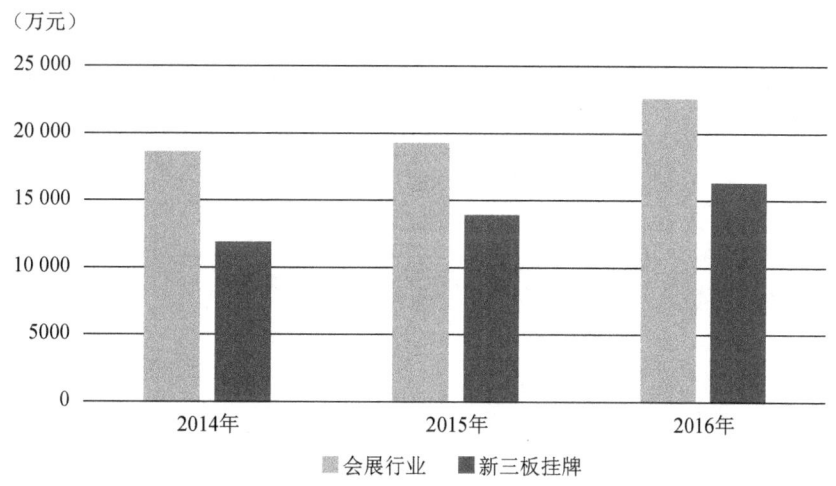

* 资料来源：《2016年中国会展行业资本市场统计分析》。

图5-4　2014—2016年20家会展企业和新三板企业平均营业收入对比

平均净利润：根据wind资讯的信息统计，2014—2016年会展行业平均净利润分别是：1244.47万元、1659.45万元、1854.53万元；而新三板挂牌企业平均净利润分别是：656.93万元、970.58万元、1016.72万元，会展企业平均净利润远高于新三板挂牌企业平均值。

股价市场表现情况：截至2016年12月31日收盘时，20家会展企业中有12家企业股价为0，60%的企业竟然无市场价格。在有价格的8家企业中，平均股价约为14.71元。

表 5-3　2016 年 12 月 31 日收盘时新三板会展企业的股价表现

序号	代码	名称	收盘价（元）
1	831822	米奥会展	42.0000
2	833529	视纪印象	18.4800
3	837784	中音博联	16.6000
4	831023	北展股份	12.9500
5	831946	名洋会展	10.0000
6	834312	悠派智能	8.8800
7	832971	卡司通	4.9600
8	833223	杰尔斯	3.8000
9	870079	广百展贸	0.0000
10	835675	蓝色方略	0.0000
11	834316	振威展览	0.0000
12	837124	西典展览	0.0000
13	838185	西码股份	0.0000
14	838738	中智商展	0.0000
15	835058	黑油展览	0.0000
16	834999	上游文旅	0.0000
17	836148	万怡会展	0.0000
18	837621	决策者	0.0000
19	836838	唐是文化	0.0000
20	871124	三绅文化	0.0000

* 资料来源：东方财富网。

2. 业务范围限制发展

对于有上市打算的企业来说，还必须考虑业务范围的问题。根据现有经验，上市企业的业务往往比较多元。对于会展企业而言，如果上市后业务构成仍是单一的会展业务，恐怕收益难以达到投资者的收益预期。然而会展行业毕竟是小行业，业务链有限，以主办企业为例，只能有主场运营和设计搭建，最多再加上场馆管理方面的拓展业务。这也限制了会展企业上市后的发展，寻求新的利益增长点也是会展企业面临的难题。

3. 国内展览行业传统经营模式给自身带来的桎梏

国内传统展览会的运营模式是以项目制为主，一个项目组负责一个会展项目，其中项目组每一个成员负责一个模块的运作，不可或缺。若期间项目组中缺了一个人，往往会给这个展览项目带来极大的损失。这样的运营模式某些程度上制约了国内会展企业的壮大。

国内会展企业发展壮大的方式大多是将一个展览会的面积通过时间的沉淀，不断地积累壮大。实际上在过去的发展经验中我们可以看到单一会展项目做到 10 万平方米时，基本很难再进行扩大，这样的发展模式具有明显的瓶颈。相比于单一展览会扩大面积的做法，以扩张会展企业经营行业的方式也是国内会展企业的传统做法，然而新扩张的行业，往往和其运营多年的行业相差甚远，其参展商和专业买家都需要从头积累，耗时长久且风险颇大。

四、外部分析之发展机会

1. 新三板行业市盈率对比

根据 wind 资讯 2014—2016 年的数据显示，会展行业的市盈率和新三板做市整个市盈率的波动呈现小范围波动的状态，行业整体水平和新三板做市整体水平趋同，尤其 2016 年、2017 年市盈率比值都介于 0.9 到 1.1 之间。

这也一定程度上表示资本市场对会展行业的关注并没有显著提升，相比于会展行业收入、利润、增速远高于新三板整体水平的情况来看，会展行业需要更多的资本关注。用 2016 年以来的新三板内各行业市值变动作为比较值可以看出：会展行业 2016 年以来的表现良好，相比于新三板做市整体的市值变动（-7.96%）来说，会展行业今年以来市值增幅达到 60.2%，是增速第四快的行业。

2. 投资与并购

中国会展公司目前的规模与国际巨头相距甚远，而并购就是提升企业规模的最佳方式之一。并购的方式多种多样。对于展览业来说，就有展览项目并购。他们可以在同一个行业或同一个领域之间并购，也可以跨行业或跨领域并购。这使得展览公司作为组展商拥有更强大的实力举办规模更大的展会；上下游公司也可以自上而下地实施兼并与收购，组展商并购展览服务、设计、建设、技术甚至场馆；并购还可以自下而上，并购公司和展览项目。

会展旅游业的并购尚未全面展开，但展开只是时间问题。会展公司目前仍然是采用增加客户数量和增加相关业务种类的传统扩张模式。但如今资本市场已经有了推动的新增长模式。许多会展企业可能会认为企业发展依靠自己是最有用的。然而，长期的发展历程表明，如果要成为龙头企业，与国际强大的竞争对手匹敌，没有资本市场的支持，这根本是不可能的任务。

3. 构建平台

未来会展企业之间的竞争会在平台之间展开，企业借用资本和技术的力量，横向和纵向整合资源集团化以形成自己的生态圈，小的企业除非躲在一个相对独立的空间里，否则很难与集团化的企业抗衡。

平台企业拥有强大竞争力的原因有以下两点：一是整合了大量的资金。充裕的资金可以解决很多小企业无法解决的问题，资金可以用来挤掉对手赢得客户，帮助企业解决人才、技术、研发等诸多问题。二是拥有更多更好的可利用资源，平台企业的集团化也就是优良资源的集合体。（王青道，2016）

4. 实现与技术的最佳融合

互联网技术或者计算机智能等都需要消耗大量的资金，而这正是会展企业目前最大的短板之一。技术如果有了资本的推动，可以带给我们诸多便利：一方面是在线服务系统的建设。传统企业之所以传统是因为不擅长运用互联网和新技术。传统企业如果想要改变自身，可以建立一个适应其需求的在线服务和资源集成系统，实现与线下运营管理和实施的实时交互，既可以减少成本，又可以提高效率。另一方面是实现智能化运营管理。场馆、景点和各类会展相关目的地可以在资金和技术的帮助之下，转变原有的传统经营方式，实现运营管理和服务的智能化，适应时代的发展，在市场竞争中获取主导地位。

5. 会展市场急需领头羊

目前国内3.73万家会展相关企业中仅28家能够在资本市场出现——新三板20家，主板、中小板等8家。其中主板、中小板、创业板上的8家上市公司也仅因为收购并购或从事会展相关业务而被统计为会展相关企业，其会展业务收入并不是其营业收入的主要来源，即便如此，我们也仅能收集到28家会展相关企业，这说明国内会展业规模企业少，行业分散，集中度很低。

新三板市场仅有20家会展企业，其中十亿元以上收入规模的会展企业仅有一家，为中青博联，2016年其收入为19.75亿元，利润仅6841万元。这一现状和会展行业2016年5331.4亿元的产值，0.72%的GDP占比是不匹配的。综上所述，会展行业迫切地需要出现行业领头羊，在国内和国际市场引领国内会展企业进一步发展。

五、外部分析之运营挑战

1. 会展产业链不同的商业模式与资本市场

资本市场挑选企业主要看以下三点，当前能力、未来能力和持续盈利能力。这也是资本注入商业模式的进入点。从这点出发，我们就可以说得通为什么会展业主办型的展览公司目前在市场上市较早，搭建公司上市也比较多的情况。搭建型的展览展示公司目前每年的盈利能力基本达到 2000 万~3000 万元，甚至更高。无论是现有的、未来的还是持续的能力，资本都只把焦点放在商业模式上，最终起到决定性作用的是公司持续利润增长的可能性。"持续"始终是资本市场对商业模式最重要的关注点。

在整个会展行业中，展会主办在上游，展览展示在下游。但在现今资本市场上，展览展示在资本市场上表现出高认可度，上市公司较多，而展会主办方认可度较低，上市公司较少。这从商业模式的角度来看是能解释的，因为国内的展览项目是被多家公司瓜分的，每家公司在该行业拥有 1~2 个核心项目，并且几乎没有能力继续增长。从某种角度来看，展会主办公司的上升空间也将进入瓶颈，应该说上涨空间有限。许多项目完成后，项目的盈利能力会随着市场的发展而波动。例如，光伏行业近年来经历了非常大的波动，光伏展就随之波动，这就不是展会自身的能力，影响其能力的是行业的发展。上市就意味着未来的盈利增长已经进入瓶颈期，这也是大多数会展公司遇到的问题。

2. 资本市场对兼并和收购的承认程度存在根本差异

除了运营模式以外，资本市场最看重公司的核心能力。如果你的实力只是简单的东拼西凑，那么在资本家的眼中这并不是一家理想的企业。资本市场有条规则，如果并购这一方前跨年度的生产总额、营业收入、净利润和净资产超过重组方相应 20%~50% 的话，则必须有一个完整的会计年度才能申报。如果你收购了这样的公司，你公司的营业额或者是生产总额、净利润、净资产任何一个指标达到 20%~50%，必须要有一个完整的会计年度以后才能再申报。并且该业务必须与公司自身的主营业务保持一致，与原有核心业务保持一致。如果你收购的业务跟原来的核心业务存在差异，则消化的时间需要更久。

因此，这条规则存在的意义就是确保企业能力是其真正自身具备的核心能力，而不是为了上市、实现资本增长规模扩张做一个简单的并购。如果拼盘就能够上市，那么这样很多公司都能通过不断的业务拼盘使销售利润飞速增长，但这种增长带来的并不是一种内部整合消化后自身具备的力量，只是一个空壳，是不被资本市场所认可的。①

3. 外资企业的投资和并购给国内会展企业发展带来的影响

中国会展门户创始人黄勇认为:"企业获得融资后,最有可能的业务拓展方式就是收购成熟或是具有潜力的展会项目。但是如果进行展会项目并购,将面临来自外资展览巨头的抗衡与挑战。"

近年来,外资展览主办机构加大在华布局力度,不断收购新的展会项目,使得能够被收购的项目越来越少,会展项目并购的竞争越来越激烈。自21世纪以来,尤其2005年以后,以励展、Informa(英富曼)、UBM(博闻)为代表的境外会展标杆企业强势进入中国市场,尤其是励展博览集团,从2005年到2015年的十年间,对境内的会展企业至少进行了10项有影响力的投资和并购。另据估算,至2016年底,外资会展企业在国内的投资已不低于20亿元人民币。

"目前的市场情况是,一些成熟的展会项目已经被国外展览巨头收购,而一些潜在的展览项目,外资企业早已领先一步。此时,国内本土展览公司纷纷进入收购行列,市场机会还有多少这是一个未知数。"黄勇称。除了收购机会减少之外,黄勇认为,在与国际展览巨头的竞争中,本土展览公司面临的另一个问题是缺乏资源支持。"外资企业与全球买家资源有交易筹码,使他们在收购展会项目时更具竞争力,本土公司在买家资源聚合方面处于劣势。"另外,博塔苏斯公司董事、副总经理张凡指出,现在收购一个5万平方米的展会需要上亿的资金,会展是一个小行业,很难引起二级市场的投资兴趣,如果募集到的资金有限,能否买到有潜力的项目就很难说了。而且,购买的项目只能是专业展而不能是消费展,因为消费展的生命力和稳定性都比不上专业展,这就更增加了购买项目的难度。

境外企业的进入一方面促使国内会展企业提高了经营水平,培养了一大批国内会展行业的人才;另一方面境外企业大肆投资和并购国内优秀的会展企业,使得国内很难出现以国内资本为主的收入规模较大的会展行业标杆企业。

总体来说,境外会展企业进入中国市场在一定时期内对国内会展行业发展起到了推动作用,但是从实际意义及长远上来看,是抑制了国内本土会展企业的崛起和壮大。从另外一个角度看,目前国内会展行业没有领军企业的出现很大程度上是因为外资企业资本大规模进入国内市场而造成的。

---

① 展览业的商业模式和资本市场前景,http://www.cces2006.org/index.php/Home/Index/detail/id/8940,2016-01-12.

4. 我国会展管理体制缺陷

我国政府目前对于会展业的管理制定了相应的审批制度和程序，负责的相关机构包括中国贸促会、商务部、科技部和会展场所政府部门。其中，展览项目的审批和办展资格是根据展览内容实行归口管理的。归口管理，是指各部门根据国家分配的职责和任务各司其职，各部门之间不能跨越或者乱审批，这样，由上至下，中央政府、地方政府和行业主管部门就形成了多层次和多渠道的审批管理模式。而这样的管理方式恰恰成为会展公司资本运营的障碍。这主要表现在两个方面：一是归口管理导致的展会举办的行政化倾向。这使得会展企业无法确立自己的市场主体地位，其经营管理方面政府与企业不分的局面成为绊脚石，影响企业的资本运作过程，也会阻碍运营成功后的会展企业集团的发展。二是阻碍会展业的市场化进程。会展业分类管理切断了会展区域市场和会展项目市场，这样的做法导致行业统一管理不足，会展市场混乱，重复办展的现象频频出现；并且也阻碍了会展资源的有效配置和流通，使产业发展效率低下。

5. 会展市场相关要素发育不全

这主要体现在三个方面：一是会展场馆规模结构平衡性存在差异，难以适应会展企业举办展会的需要。场馆数量虽然达到要求，但建设缺乏合理的规划布局，水平参差不齐，并且带有一定的两极化，规模上也缺乏一定前瞻性。二是会展的法律问题。由于会展业自身的发展原因，目前国内对会展管理没有统一的法律规定。各方面对会展管理的范围、标准以及报批的程序和要求都不一样，这给解决资本运作的法律适用性问题带来了很大困难。三是缺乏会展人才。目前我国会展行业存在人才不够，流失率高，会展项目经理筹办项目能力不够成熟以及高新技术应用能力滞后等问题。这样的人才现状很难满足资本运营后形成的大型会展企业集团的需求。

六、建议对策——SWOT 组合分析

1. 优势—机会（SO）战略

增加现代化设备提高专业度。目前，中国的会展业仍处于成长期和成熟期的过渡中。国外展会通常倾向于机械化和数控化，也习惯于在设计理念上进行创新。然而国内市场仍处于传统化和现代化的徘徊期。在经济全球化的压力下，中国将不可避免地引发国内展览设计和展览设备选择的新趋势。随着国外展览公司规模化、现代化理念的推进，也会相应带动国内展览主办方对于声、光、电与数字化结合的展览手段应用。积极推动显示技术发展，实现和通信、媒体、出版等行业的整合与发展。

例如，借助技术融合路径，实现线上线下会展协调发展；借助数字技术增强客户体验感，提高展示技术。还可利用会展周边的环境和设施吸引政府以及其他投资者的兴趣引来投资，不但可以从中获得收益，还可以提高会展场馆的使用率和盈利空间。

改革会展管理体制。目前中国会展业的多头审批管理制度极大地阻碍了会展公司的发展和资本运作。政府应该逐步实施改革，对行业进行统一的管理。这也是从国外会展业借鉴而来的。政府应逐步退出会展业的微观经济领域，由权威部门对会展和企业进行统一管理，统一制定行业运作规则，落实会展企业资质准入制度，并在此过程中全程实施监督。该部门可以由全国统一的会展协会或者是国务院的专门机构来负责。如此一来，会展公司的资本运作就拥有了良好的外部环境，会展企业拥有明确的市场主体地位，政企分开，各司其职，形成规范的法人治理结构，使其能够按照市场规则实施资本运营，能够完全独立自主经营、自负盈亏。同时，对会展市场法的发展也提供了条件，有利于形成多元化的会展人员流动和投资管理制度，有利于营造有序的市场环境，消除企业资本运营的障碍，为资本运作创造条件。

2. 劣势—机会（WO）战略

与相关产业深度融合，"会展+"构建新平台。会展业的价值主要通过展示的技术化、专业化和商业化来实现。其价值链的整合也必须以展示为基础。因此，会展业可以通过营销、经验和创意实现与其他行业的产业整合，延伸国内产业链。一是充分利用会展业的营销能力，加快与一般行业的整合发展。例如，龙头企业和行业协会可以通过举办专业产品展览实现产业整合；政府可通过举办地方性产业展，推动产业集聚，提升城市及产业知名度。二是利用会展的体验路径优势，加强与旅游休闲等产业的融合和发展，促进会展业与这些行业的融合，形成会展休闲、会展旅游等，不但能够带动这些行业的发展，而且能够丰富人们的休闲旅游体验。三是探索会展业的创意路径，加快同文化创意产业的融合发展。创意本身需要通过展示获得认可，创意需要一定的聚集空间、特殊的氛围和有组织的活动，促进创意文化和会展的发展，加快创意园区、创意展览、创意协会等的发展，这将是未来会展业融合发展的关键方向之一。

"会展+"是会展运营的进一步实践成果，推动经济形态不断地发生演变，从而带动社会经济实体的生命力，为改革、创新、发展提供广阔的发展平台。利用会展技术，让会展与其他行业进行深度融合，创造新的发展生态，从而促进其他行业的转型升级，打造更好的行业发展状态。它代表一种新的社会形态，即充分发挥会展对各行各业资源的集聚作用和对各行各业转型升级的促进作用，将会展的创新成果深度融合于经济、社会各领域之中，形成更广泛的以会展运营作为有效手段的产业发展新形态

（蔡卫民，2007）。

大力推进会展企业集团化建设。一是应加速改变会展业政企不分的状况，让展会主办方不再依赖政府，真正能够独立运作。同时政府机构必须不再参与收益，只为会展企业提供基本资产，并在会展企业需要时给予一定的支持政策和帮助，对公司的正常活动不要过多干涉。二是大力推进会展企业的集团化进程。在资本运作的推手下建立的会展企业集团，将被分散的众多企业的独特优势聚集到一起，取长补短，趋利避害，从而形成一股强大的竞争力量。在通常情况下，企业集团内部应该形成以资本联结为主要纽带的母子公司体制，分为核心层、紧密层、半紧密层、松散层。会展公司应以资本为纽带，采取收购、租赁、兼并和联盟等手段，将企业和政府部门的行政隶属关系转变为产权约束，形成结构清晰、优势明显、具有竞争力的会展集团。

其中，核心层是一家具有较强能力的大型会展公司，紧密层由其全资或控股及存在行政隶属关系的独立会展企业法人组成，半紧密层是与会展企业密切相关的会展服务公司如展位设计、会议接待、广告公司等，松散层由餐饮、旅游单位等展会活动的利益相关者构成。这样，通过资本运作，就建立了由以大型会展企业为核心的会展企业群、处于会展经济同一产业链的诸多利益相关者实体构成的具有综合性功能、大规模的企业集团（叶洪涛，2006）。

资本运营和企业集团是相辅相成的。前者是一种具体的方法，后者是最终的目标。为了促使会展公司在市场上真正上市，中国的会展公司必须以资本形式进行收购、租赁、兼并和联合，形成具有国际竞争力的会展集团。

3. 优势—挑战（ST）战略

打造专业性更强、附加值更高的新兴市场自办展览会。会展主办方应着眼于国内产业结构调整政策和外贸需求方向，在成长性项目上集中优势力量，形成新的产业板块，实现项目的规模化发展。加速形成行业的板块效应，在传统会展项目上不断完善、做大做强，不断调整会展业发展方向，提高需求标准，着力推进经济增长新依托模式，加强与海外参展商的合作。另外，整合各方资源以实现展会观念的新突破。新兴市场是中国对外经贸合作的新增长点，也是国外展览发展的新领域。事实上，在会展业发达的国家，其贸易已经趋于成熟饱和，在新领域上新企业很难突破。因此，我们可以考虑在受严重经济和贸易局势影响较小的国家和地区找寻机会。例如，北非一些小国资源丰富，国民经济发展迅速，外汇储备充裕，优惠政策支持较多，市场需求旺盛，将逐渐成为出口企业的重要目标市场。

根据新时期全球一体化的经济发展趋势，我们将转变思路，开拓新市场，刺激会展业的新需求，通过经济转型和结构调整形成快速发展的联动。在网络信息沟通、技术推广和能源、材料应用方面加大力度，打造更加专业、更具附加值的新兴市场自办展览会（李媛，2014）。

完善现有展览服务，提升展会服务水平。从中国会展人员目前的整体情况来看，职业素养参差不齐，真正系统学习并且具有会展业务专业能力的人才相对较少。随着国外展会在中国市场的不断进入，其先进的管理理念、人才和技术优势给国内会展业带来了一定的冲击和挑战，但也激发了国内会展工作人员的学习精神和竞争意识，对员工整体素质的提高也起到了促进作用。国外展会还有很多值得我们借鉴的地方，在学习过程中学习从真正意义上以高质量的服务带动效益提升。

4. 劣势—挑战（WT）战略

模式创新是会展企业发展的唯一出路。国内会展企业和境外标杆企业管理模式上一个最大的区别在于，国内企业大多为项目制运营，境外的企业基本都是分工制、标准化、流水线化作业。因此在管理模式上，我国会展企业一定要进行革新，学习先进的管理模式。

如何打破单一展览会面积和会展企业经营行业单一带来的桎梏？一方面，我们需要思考展览会品牌影响力的延伸，即同一品牌的展览会，在不同的区域集散地进行"巡演"，并从单区域展览面积和多区域两个方向进行拓展，从二维的角度延伸经营范围，扩张经营规模。另一方面，我们的会展企业可以思考如何从一个综合性的展览行业孵化出一个个细分的子行业，比如机械行业可以根据机械用途分为农业机械、医药机械、工业机械等，其后再将这些细分的行业做大做精，这也不失为另一个扩张的思路。

我国与欧美国家、新加坡、日本等国相比，会展业起步稍晚，目前大多仍然停留在简单的撮合服务阶段。如何向先进的境外企业学习，深化信息化服务和贸易综合服务，可以作为国内会展企业探讨和发展的一个方向。

第六章 会展企业服务战略案例分析

一、研究背景

近年来,我国展览业快速发展(2016 年中国展览数据统计报告 2.0),强大的经济拉动效应使其成为构建现代市场体系和开放型经济体系的重要平台,在我国经济社会发展中的作用日益凸显。同时,我国展览业存在政策不完善、国际竞争力不强等问题。2015 年《国务院关于进一步促进展览业改革发展的若干意见》出台,要求加快展览业转型升级,推动展览业创新发展(运用现代信息技术,开展模式创新,发展新兴展览业态),推动云计算、大数据、物联网、移动互联等在展览业的应用,而这与李克强总理在《政府工作报告》(2015)中对"互联网 +"战略的阐释以及总书记习近平(2016)强调要推动互联网和实体经济的深度融合的要求是一致的。

《国务院关于进一步促进展览业改革发展的若干意见》的出台开创了展览业发展的新局面,互联网与展览业的融合表现在利用会展信息管理软件、网络技术平台、先进的电子科技设备等手段对展会项目或者展览企业信息化的运营与管理,网络虚拟展览会初具雏形,展览会官方网站的建设较 2015 年增长 42.53%,达到 2785 个(中国展览经济发展报告 2015,2017)。但也依然存在互联网技术应用零碎化、单一化、简单化、展览上下游信息不对称等问题,可见目前互联网与展览业的融合处于初级阶段,尚未形成完善、系统、成熟的"互联网 + 展览"新模式,融合有待进一步加强。

此外,《2016 年中国会展行业资本市场发展报告》指出国内主板资本市场目前没有一家以展览的主办或者承办为营业收入主要来源的公司,相较于我国展览企业的总量而言,展览行业规模以上企业少、行业分散、集中度低;反观境外企业近年来强势进入中国市场且大量投资和并购国内展览企业,使得国内很难出现以国内资本为主的收入规模较大的展览业标杆企业。经济发展新常态下,中国展览业想要把握"一带一路"倡议机遇,增强展览业国际竞争力,摆脱传统经营模式带来的桎梏,商业模式创新应是企业探讨和发展的重点方向。在这一背景下,迫切需要对当前互联网与展览业深度融合下的商业模式创新进行系统研究,为相关政策落地、展览企业发展提供理论支撑和决策依据。

下面以 ZK 网及 CBE 为典型案例，对"互联网+"如何促进展览业商业模式创新进行研究。

二、ZK 网案例分析

（一）ZK 网案例简介

ZK 网 2014 年成立于深圳，借助大数据、互联网等先进技术，将信息流、服务流、资金流三者有机整合，服务展览行业的各方，实现了从办展、参展到观展的智能化管理运营，目前已成为中国展览平台最大流量入口、最大的展览资源数据库，实现了新技术、新模式、新业态在"互联网+展览"领域的有机结合。ZK 网解决了传统展览业展会信息不透明所带来的选展之痛、展会过于碎片化所带来的筹展之痛以及展会服务质量没有保障所带来的办展之痛等一系列问题。经过几年的发展，ZK 平台积累了海量展会资源以及平台用户数据，累计注册用户超百万，入驻展会 18 000 多场，入驻服务商 4000 多家。ZK 网的成长模式展现了在"互联网+"环境下新兴商业模式的力量。

目前 ZK 的布局大致可分四个板块和六项核心业务，四个板块包括 ZK 网、ZK 研究院、ZK 传媒、大数据，可以为整个展览产业上下游提供专业精准的商业决策价值；六个核心业务包括展顾问、买家团、展推云、会展名城、研究与咨询和评估与认证。展顾问主要是通过大数据分析，为企业提供定制化、一站式服务，包括展位预订、展位搭建、展品运输等，为参展商解决宣传、参展等问题；买家团是基于 ZK 大数据平台，为专业买家提供精准的展会匹配，并提供一揽子服务让专业买家顺利参展；展推云则是依托 ZK 网用户及企业数据，为组展商和服务商进行宣传推广，挖掘潜在商机，并留存、分析潜在客户分析，帮助客户开展二次营销；会展名城则是从城市建设和城市展览环境的软硬件设施、会展政策等维度记录城市展览发展，促进城市的招商引资；研究与咨询则是依托于 ZK 研究院，搭建展览研究应用体系，创立展览大数据中心，并发布相关报告，为国际组织、政府、协会及企业等提供数据或咨询服务等；评估与认证同样依托 ZK 研究院的资源整合能力，为展览会及会议论坛提供第三方评估报告，同时为展览会提供商业咨询、展会品牌信誉认证服务，即中国诚信展览认证，以推动行业标准和诚信体系建设。

（二）ZK 网服务战略创新过程

ZK 的服务战略创新过程是 ZK 商业模式逐渐探索和清晰的过程，ZK 创立的出发点是为了解决参展商的痛点——展会信息不透明所带来的选展之痛、展会过于碎片化所带来的筹展之痛、展会服务质量没保障所带来的办展之痛，而后随着大数据的收集、算法等技术的运用以及在发展过程中前后几轮融资投资方对 ZK 网的建议，再结合创始人及其团队学习和认知的提升等，一系列因素促使了这一商业模式的创新。ZK 网基于"互联网＋"的商业模式转型分为四个阶段：初创阶段、摸索阶段、前行阶段和清晰阶段（见图 6-1）。

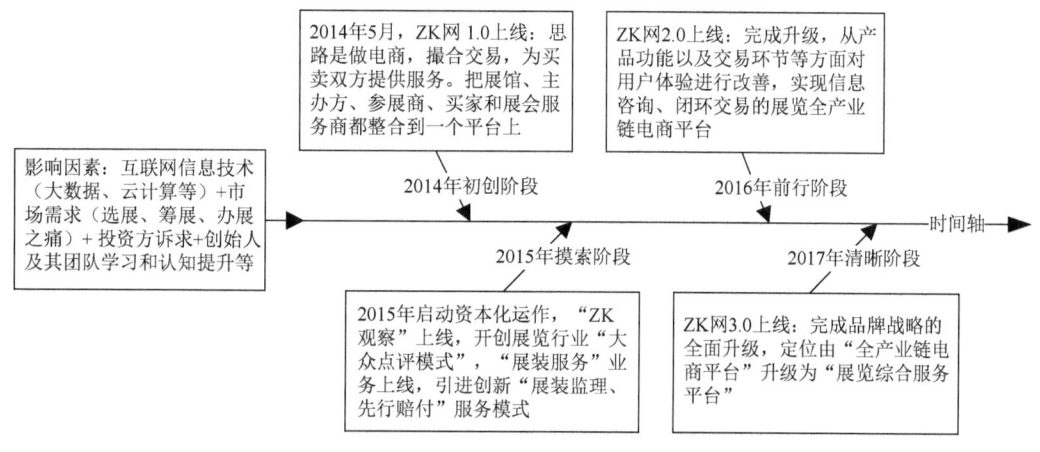

图 6-1　ZK 网服务战略创新全过程

资料来源：作者根据 ZK 网发展，结合访谈绘制。

初创阶段——电商平台：2014 年 5 月，ZK 网 1.0 上线，ZK 网的思路是做电商，为展会组织者和参展企业提供服务，撮合交易，把展馆、主办方、参展商、买家和展会服务商都整合到一个平台上。"我们希望借助互联网技术，为展览业赋能，解决展览人应用场景中实际遇到的问题，提升其效率。"——ZK 网创始人赵洋。

摸索阶段——大众点评模式：2015 年 ZK 网启动资本化运作，引进知名天使投资人的种子轮投资。这一阶段公司没有具体的产品或服务，只有对公司的新设想或企业发展的规划，缺乏初始投入资金。业务方面，ZK 网"ZK 观察"正式上线，开创行业的"大众点评模式"。而后 ZK 网"展装服务"业务正式上线，引进创新"展装监理、先行赔付"服务模式，优化行业交易体验。后期 ZK 网引进产业基金"春晓资本"数千万元战略投资。

前行阶段——展览全产业链平台：2016 年 1 月，ZK 网 2.0 上线，完成信息撮合到在线交易的新升级，打造全球首个"展览全产业链电商平台"。同年 4 月，推出展览行业首个权威认证体系"中国诚信展览"认证，参与制定行业标准、推动会展业健康发展。2016 年 7 月，ZK 网"绿色展装"正式上线，与数百家优质展装商共同推动会展业向"绿色、低碳、可持续"升级转型。2016年10月，ZK网依托平台大数据，发布"展会排行榜"榜单，成为展商和观众参展的重要决策依据。从产品功能、交易环节等方面对用户体验进行改善，完善电商生态链系统。

清晰阶段——展览综合服务平台：2017年1月，ZK网引进香港上市公司"毅德控股"数千万元的A轮战略投资，毅德控股通过众多商贸物流中心，汇聚了数以万计的中小企业用户，旨在共同推进"互联网+展览+现代商贸"跨界融合发展模式。2017年7月，ZK网3.0上线，完成品牌战略的升级，ZK网的定位由"全产业链电商平台"升级为"展览综合服务平台"。ZK研究院以大数据为核心服务产业发展。此外，ZK买家团2.0上线，通过数据分析将全网18 000+展会的信息精准匹配给对应的买家，让买家在观展前就可以了解展参展商和展品的情况。

（三）ZK网战略创新解构与评价

目前ZK网的服务战略创新是客户、企业和伙伴三方价值共创的逻辑，各主体的价值产生是一个并行过程。下文将就ZK网客户、企业和伙伴如何实现价值共创展开论述，既包含了现有商业模式的解构又有对商业模式的评价。ZK通过互联网平台——ZK网，来实现资源整合，利用所整合的资源与各方（参展商、专业观众等）创建关系，为各方服务并不断探索创新，在与多方互动中不断更新数据库，从而完善其自身平台，循环往复地为客户、伙伴和企业自身创造价值（参见图6-2）。

1. 客户价值

借鉴江积海2016年提出的"价值网+"中分成后端S供给体系和前端C需求网络的供给需求划分，我们将ZK网的所有客户分成供给方（后端客户）和需求方（前端客户）。后端客户包括展台搭建、货物运输等服务供应商，前端客户包括参展商和观众。ZK网通过其核心业务"展推云"，帮助组展商、服务商与活跃用户建立联系，通过用户的地理位置、行业职位、意向产品、搜索历史、浏览历史、关注信息等维度，精准刻画和锁定目标客户，将优质商业信息定向推送给真正需要的人，即进行垂直的精准营销。此外，ZK还能够为客户挖掘潜在的商机，帮助客户开展二次营销，在这个过程中实现最大的商业价值，而后端客户所提供的资源是ZK平台数据的重要组成部分。前端客户可以分成两类，一类是参展商，另一类是观众。参展商通过"展顾问"参展，ZK网通过大数据分析，结合行业特性、地域特性、用户要求等为参展企业精准匹配适合其参加的展览会，参展商可以通过网络下单，ZK网则会选择匹配的服务商，后端客户发布信息，ZK网在后端客户与前端客户（参展商）上实现精准匹配，创造价值。当ZK网接受下单后，会有后端客户完成展位搭建、展品运输等一揽子服务；此外，ZK

网负责监理协助的工作，对各节点质量进行严格把控，通过后端客户的实际操作和 ZK 网的监理协助，确保实物能够顺利参展。而参展商可以通过 ZK 网提供的全流程服务（包括往返接送、酒店预订、餐饮服务等），确保展出与顺利参展。前端客户中的观众，通过 ZK 网的"买家团"业务（目前涉及 20 多个行业），选定自己有意向的展会（智能匹配），下单后可以享受由 ZK 网提供的一揽子服务（包括往返接送、酒店预订、餐饮服务等）。

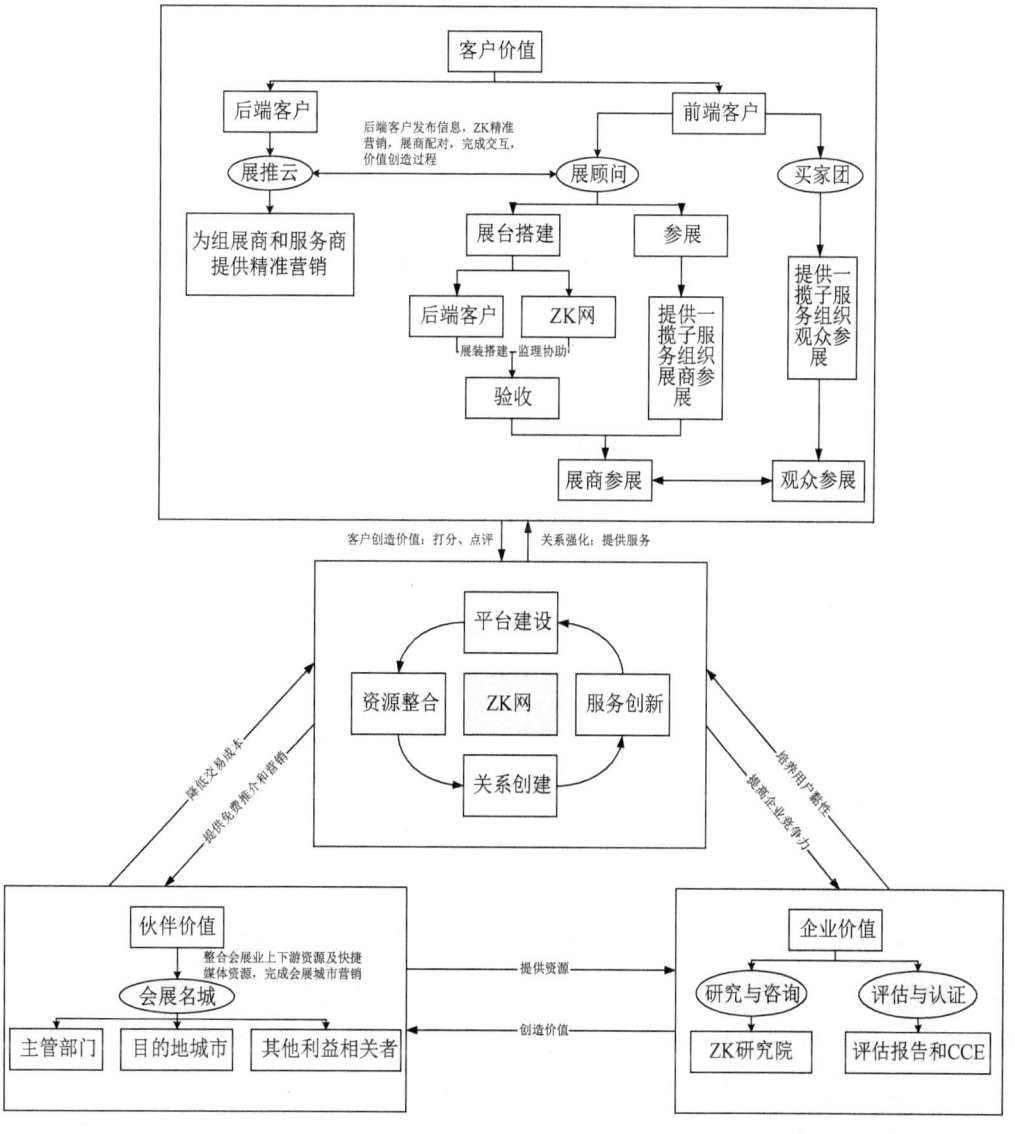

图 6-2　ZK 客户—伙伴价值共创创新模式

资料来源：作者绘制。

至此，ZK网不仅充当了一个平台的作用，链接了服务商、参展商和观众这三个展览会重要组成部分；还在其中充当了第三方，为各方提供了保障。首先是平台认证，进驻ZK网的商家需要通过相应的资格认证，并由ZK网严格把关，为参展商提供有影响力且高度匹配的展览会；其次是担保交易，由ZK网全程担保交易资金安全，从开始交易时，ZK网提供第三方在线交易平台保障双方权益，参展商交易分成两部分，第一部分是展位交易，首先由参展商完成首付款，然后其余分期支付，之后展位预订成功，第一部分完成；第二部分则是展装交易，首先是在ZK网中找到符合要求的展装服务商，然后签订三方合同，并完成支付总价的60%，其中40%到账，余下的20%由ZK网托管，然后搭建商完成搭建，参展商支付余下的40%（也可延期支付），参展商于展会结束15天内对这项服务进行评价，参展商满意则余下的由ZK网托管的20%的款项将转付给展装公司，交易完成。参展商和观众可以直接在ZK网上对服务和展会给予评价，这些评价为后续的客户参展提供了参考。最后一项是提供客服服务，当参展商遇到问题时，向ZK网投诉，由商家给出解决方案。

在为客户创造价值的过程中离不开互联网技术的发展，一方面互联网使得资源整合更加便利；另一方面互联网提高了支付的便捷性和效率；再一方面是多方可以直接互动评价，让其他有意向的客户可以直接看到。在整个服务客户的过程中，ZK网提供服务，强化与客户之间的关系；而客户可以打分、点评，给各项服务一个客观的评价。

2. 伙伴价值

ZK网的合作伙伴包括各地政府会展办或其他相关机构、各地行业协会、展览馆和其他利益相关者，ZK网通过"会展名城"这一业务将他们联系在一起，整合会展业上下游资源，借助ZK网的平台从城市建设和城市会展软硬件、会展政策及招商引资等维度进行推介。比如，展览馆的推介方面分为中国、亚洲、欧洲、美洲、大洋洲和非洲六大板块；欧洲板块下设德国、意大利、俄罗斯等32个国家；意大利的展馆部分下设米兰新国际展览中心、意大利帕多瓦展览中心、意大利热那亚展览中心等14个展览馆；针对米兰新国际展览中心，从地址、面积、展馆简介、展馆周边、展馆排期（今年展会、明年展会、往年展会）、附近展装公司、展馆资讯等方面进行详细介绍。此外，各地政府的会展办及行业协会等会发布各地的会展行业相关的新政策和第一手资讯，着力打造会展城市互动营销和推介的平台。事实上，依托于ZK研究院，ZK还可以为政府及展览馆等伙伴方提供诸如场馆的建设与运营模式研究、会展小城镇建设一揽子解决方案、展览会发展战略、品牌建设、服务提升等咨询服务。合作伙伴可以从平台中受益，ZK网为其提供免费的推广和营销，提升城市品牌形象，促进城市招商和会展业发展；与此同时，合作伙伴也成为 ZK 网资源整合的重要组成部分，降低了其找寻资源的成本，双方实现共赢。

3. 企业价值

企业价值的实现不仅是为客户与伙伴创造价值，还要能为自身积蓄能量，ZK 网自身价值的提升主要通过"研究与咨询"和"评估和认证"两项业务实现。ZK 研究院成立于 2017 年 7 月，核心业务有基础和应用研究、数据服务与人才培养。基础研究和应用研究两项业务为伙伴提供了行业发展的思路，增强了伙伴的黏性。数据服务主要是通过建立中国会展大数据中心，服务于前端客户（参展商和观众），提升 ZK 为行业提供精准服务的能力，数据服务业务最大程度上帮助参展商和观众解决了选展难、参展难等问题。人才培养方面通过培训与职业资格认证等，旨在提升会展从业人员的素养。"评估和认证"业务是基于 ZK 研究院的资源整合能力运用互联网及大数据优势资源为展览会及会议论坛提供第三方评估报告，同时为展览会提供商业资信、展会品牌信誉认证服务——中国诚信展览认证（简称 CCE），以推动行业标准体系和诚信体系建设。ZK 网就是在不断融合各方的资源的过程中不断地提升自己的价值，也为客户和伙伴创造价值。

综上，我们可以看出 ZK 依托 ZK 网、ZK 传媒、ZK 研究院、大数据中心，扩展了"互联网+展览"的内涵和外延。该模式得到了投资方的认可，ZK 分别于 2015 年、2017 年引入了知名天使投资人的种子轮投资、春晓资本以及毅德控股的战略投资；此外，目前 ZK 平台汇聚了海量展览资源及平台用户数据，业务覆盖全球 80 个国家的 200 余座城市、20 个行业、176 个细分行业。

（四）ZK 网研究结论

互联网如何助力展览业的转型升级，互联网与展览业深度融合的具体表现等是我们研究的关注点。通过以上对 ZK 商业模式创新过程、创新路径与创新评价等的系统分析，得出如下主要结论。

（1）互联网展览业服务战略模式创新的起点在于重新定义组展商、参展商、观众等展览业连接和交易场景。

ZK 网在创立之初就深挖行业痛点，对行业痛点进行深入分析，从客户需求出发，借助互联网技术重新定义组展商、参展商与观众的连接方式和交易场景。ZK 最初的思路是做电商平台、撮合交易，之后实现了展览服务提供商与参展商等之间稳定的连接，为其商业模式的挖掘提供了良好的用户基础（罗珉，李亮宇，2015）。

（2）互联网展览企业服务战略模式创新的动力除了互联网这一因素外，利益相关者是商业模式形成的重要组成部分和影响因素。

互联网当然是驱动展览业服务战略模式创新的重要因素，无论是海量数据资源的信息化过程，还是基于云计算等大数据分析方法所实现的精准匹配，以及基于数据分析所创新的产品/服务等，都离不开互联网技术的支持。但在深入剖析ZK服务战略模式创新的过程中，我们发现利益相关方对展览业服务战略模式创新有至关重要的影响。例如，一开始ZK想要打造的电商平台是基于消费者的选展、筹展、办展的痛点（需求）展开，后期在业务发展的过程中逐渐发现消费者（搭建商、参展商、专业观众等）还有学习和培训的需求、宣传和公关的需求等，针对这些需求ZK开发了ZK研究院、ZK传媒、中国诚信展览认证等业务；再如获得种子轮投资之后开启的ZK"大众点评模式"，到获得产业基金"春晓资本"战略投资之后的"展览全产业链电商平台"，而后获得"毅德控股"A轮战略投资后的"展览综合服务平台"。毅德控股通过众多商贸物流中心，汇聚了数以万计的中小企业用户，ZK与毅德控股的结合共同推进"互联网+展览+商贸"跨界融合发展模式。此外，创始人及其团队学习和认知能力的提升也促进了服务战略模式的创新，这与阿米达和佐特（Amit and Zott, 2001）、德米尔和雷高克（Demil and Lecocq, 2010）以及曾萍和宋轶波（2014）、吴晓波和赵子溢（2017）等的研究结论基本一致。

（3）互联网展览企业服务战略模式创新要素由价值主张（目标市场、平台建设等）、关键活动/核心资源、价值网络（参展商/专业观众等关系网）以及盈利模式四大要素构成，数据是展览业服务战略模式创新的核心资源。

价值主张即企业能够提供什么，客户最根本的需求仍然是产品/服务的价值，大数据的运用可以实现精准营销，降低推广成本，提升产品/服务价值。ZK通过互联网平台——ZK网，来实现资源整合，利用所整合的资源与各方（参展商、专业观众等）创建关系，为各方服务并不断探索创新，在与多方互动中不断更新数据库，从而完善其自身平台，通过六个核心业务（展顾问、买家团、展推云、会展名城、研究与咨询和评估与认证）循环往复地为客户、伙伴和企业自身创造价值。展览业未来唯一最重要的资源就是客户数据，这已是展览业的共识。ZK所拥有的大数据云计算等能力，构筑了其核心竞争力。

（4）互联网展览企业服务战略模式创新是顾客、企业与伙伴价值共创的过程。

互联网驱动的展览业服务战略模式创新结果用价值共创来衡量，细分为顾客价值、企业价值与伙伴价值。随着互联网与展览业的深化融合，展览企业间通过数据共享、业务协作，各企业间相互激发，进行价值共创。价值网络是以客户为中心的，拉动其他价值创造主体构成价值创造网络。这个网络中各部分都是平等的，并且只有各部分相互协作才能创造更大的价值。可以从客户角度出发，认为各主体间相互协作是帮助客户协调相关资源以满足客户的需求；也可以从伙伴角度出发，认为各主体间的合作是为了能够给利益相关者带来便利和好处；还可以从企业自身出发，认为各主体间的协调能够促进企业自身的不断完善和发展，是企业增值的过程。由 ZK 为核心主导的展览价值共创系统降低了信息不对称的程度，为跨界的资源配置和价值创造奠定了良好基础。

三、CBE 案例分析

（一）CBE 案例简介

中国美容博览会（China Beauty Expo，以下简称 CBE）每年五月于上海举办，所以又被称作上海 CBE。该展会至今已举办 23 届，第二十四届 CBE 将于 2019 年 5 月 20 日至 22 日在上海浦东新国际博览中心举行。展会由中国国际贸易促进委员会轻工分会、英富曼集团和上海百文会展有限公司联合主办，展会管理机构为上海百文会展有限公司。

CBE 是亚洲区域内首屈一指的美容行业贸易盛会，也是众多业界人士开拓中国市场乃至亚洲美容行业的不二之选。CBE 包含四大主题展——化妆品展、专业美容展、日化技术展和原料配方展，并与成都美博会跨区域联动，携全国多地及海外各国共十余场巡展，打造全年不间断的深入宣传和全球战略布局。CBE 旨在搭建美容化妆品行业及覆盖上下游产业的全品类细分商贸平台，会聚全渠道买家采购商和专业研发技术人员，为其提供资讯交流、贸易洽谈、行业解决方案等一站式服务，同期举办的六十余场专业论坛活动特邀权威专家引领行业发展趋势。近年来 CBE 采用了很多智慧化手段提升客户体验，在会展客户触点方面覆盖全面，十分具有代表性。下面将借助 CBE 案例对智慧化背景下的客户触点进行具体分析。

（二）CBE 服务模式创新与客户触点分析

1. CBE 客户物理接触点的构建与分析

客户触点指企业在与客户接触的全过程中，与客户发生的所有互动点，包括企业人员与客户的互动点，以及客户与企业相关物理环境的互动点。每一个触点都是触发客户体验的"按钮"，客户体验的累积会逐渐形成他们对企业服务或产品的认知，继而对客户关系产生深刻的影响。而对于客户接触点的管理，就是指企业针对何时、何地、如何与客户接触进行设计和管理，从而保证客户在与企业的每一个接触点上都能得到优质的体验。以下我们将以 2018 年 CBE 为例，对 CBE 的三个接触点渠道——客户物理接触点、客户数字化接触点和客户人际接触点分别进行分析。

客户物理接触点是指客户与展览物理环境和实物的接触点，是客户在整个展会过程中可以接触到的实物，所以主展商对物理接触点的提升是较有针对性的。我们按照展会的三个不同时期，对 2018 年 CBE 的物理接触点做梳理，具体如表 6-1 所示。

表 6-1　CBE 2018 年客户物理接触点

	展览前	展览中	展览后
物理接触点	在上海地铁站张贴海报 展览手册 展会邀请函	搭建展位 进出展馆进行安检 展馆导向标识 展馆公共区域的使用 大设计师展	现场问卷填写 展会留言簿 展后评估报告

（1）展览前物理接触点的构建与分析

展会海报宣传。展览前，主展商通过多种方式对展会进行宣传，其中主展商在上海部分地铁站和人流量较大的地方张贴展会的海报，海报设计的质量高低直接影响客户对于该展会的第一印象。

为参展商邮寄展览手册和展会邀请函。作为已经举办 20 余届的成熟展会，主展商对老参展商已经建立了完整的客户数据库，所以每年展会前主展商会通过邮寄的方式向老参展商以及潜在参展商寄送展会邀请函和展览手册，告知参展商该届展会相关的信息以及预订展位的方式和时间。对于参展商而言，通过参展邀请函和展览手册的内容可以很直观地判断展会的专业性与否，以及能否从中得到他们想要了解的信息，这些均是参展商对于主展商所提供的服务的物理性触点的体验。

（2）展览中物理接触点的构建与分析

展位搭建与撤离。对于参展商而言，展览正式开始前搭建展位以及展览结束后展位撤出的过程均是参展体验的重要组成部分。参展商会对展位的位置和展厅已有的基本设施做出评价，比如在搭建展位时货用电梯是否足够大，足够方便用于运输展板、展品；光地展位是否已经打扫妥当，可以直接用于布展等。撤展时，参展商会感知是否能够有秩序地迅速撤展，从而不会耽误他们接下来的时间安排等。所以参展和撤展的顺利进行，也是展商对展会服务体验的关键。

展馆基础设施和公共区域的使用体验。CBE 的举办场馆是上海浦东新博览中心，其北入口处有地铁 7 号线，南入口处有地铁 2 号线，东入口处有大巴停车场和小车停车场，方便参展商和观众乘公共交通或者私家车前往参展。此外，每一个展厅都配备贸易谈判区域、休息区、餐饮区、卫生间等，公共区域配置齐全。

展会安检。在展览进行过程中，参展商需要频繁进出展馆，所以此时展厅安检也成为参展商体验很重要的一部分。笔者之前曾经参与调研京交会参展商满意度，其中很多参展商反映每次进出都需要进行安检，不仅十分不方便而且耽误时间，所以安检次数以及如何安排参展商安检问题也会直接影响到客户体验。

展厅内外的导向标识。2018年CBE展馆共17个，展出面积26万平方米，每个展厅主题不同，所以展厅内外清晰的导向标识是观众和参展商能够顺利找到目标展厅的基础。2018年CBE共包含四个主题展，化妆品展、高端美容展、美妆供应链和创新科技原料展。在展馆外导向标识牌中，每个主题展馆颜色不同，四大主题分别对应着粉色、紫色、蓝色和薄荷绿色，使展商和观众对展馆分布一目了然。展馆内部标识包含了所有参展商的具体展位号，以及公共区域的方向，展厅内部地面也贴有指示标识，使得参展客户能够最快捷地找到目标展区和展商。

2018年CBE首次引入大设计师展。CBE和中国40位艺术家、雕塑家合作，讲述如何将这些艺术和化妆品的设计、生产以及品牌的定位进行结合。在展区多达800平方米的艺术展，营造了一个艺术的视觉盛宴，艺术展区内展品是艺术家的作品和化妆品的结合，虽然这是一个B2B的展会，但是展会40多万B端的客户也是消费者。他们虽然也是代理和渠道商，但是他们就是展会第一手的消费者，他们的感官和体验非常的重要，这样大型的艺术展可以让客户玩在其中，乐在其中，加强他们对展会的体验。

（3）展览后物理接触点的构建与分析

展览结束后，主办方百文会展有限公司对客户的参展体验、满意度、目标完成率等多方面进行调研，在展会结束前一天主办方安排公司的调研小组以及委托第三方调研评估公司在展会现场发放调查问卷并进行回收统计。此外，展会现场还设置留言簿区域，供参展商以及观众对展会进行留言反馈。这些反馈和评估方式都可以使客户更好地表达自己对展会的态度和意见，使主办方了解存在问题的方面并可在下届展会进行调整。

综上，物理接触点主要是参展商与展会物理环境和展会相关商品、活动的接触体验，所以若想改善和优化参展商对于物理接触点的体验，主展商可以在展厅布置、线下活动、展会相关宣传资料的投放等多方面投入更多的关注度。

2. CBE客户数字化接触点构建与分析

在智慧会展的背景下，数字化技术的使用在展览中已经占主导地位，且随处可见。

无论是展前、展中或是展后，参展商都更加倾向于用智慧化的手段为客户提供服务。我们首先将 CBE 的客户数字化接触点梳理如表 6-2，再对其进行具体分析。

表 6-2 CBE 2018 年客户数字化接触点

	展览前	展览中	展览后
数字化接触点	在微信公众号、微博、Facebook、Twitter 国内外社交平台发布展会信息； 在 CBE 展会官网、优酷视频、Blog 等国内外媒体发布展会相关新闻报道及宣传短片	借助魔都直播、花椒直播、网红直播平台对展会进行线上直播； 今日头条、新浪网等综合媒体对展会进行同期报道； 微信公众号时时跟进展会进行情况	电子问卷的发放回收； 展后电子报告的反馈； 微信公众号、微博、知乎等展后展会跟踪报道； CBE 官网展后发布展后报告

（1）展览前数字化接触点的构建与分析

CBE 拥有自己的微信公众号，叫作"中国美容博览会"。该公众号全年不间断地推出各种与美容行业相关的文章，且对展会的筹备、变化及相关信息做出实时更新。"中国美容博览会"公众号 2014 年开始运营，文章数量超过 200 篇，每一篇文章阅读量几乎都超过 1000 次，有的甚至达到 4000 次，且参展商可以通过公众号直接进行预登记，观众可以直接通过公众号查询展商名录，为客户提供了十分便捷的体验。公众号除了提供展会相关信息外，还会分享行业的专业案例、报告、专访、发展趋势等，以及展会参展商的相关信息，比如："加码 CS，欧莱雅 2019 全面渠道赋能""2019 年彩妆市场形势预估"等，为客户提供全方位的美妆产业信息。

CBE 拥有自己独立的媒体，每年分享 500 多篇行业内的专业案例、报告和专访，对于化妆品行业的从业者来说是一个很好的学习的平台，满足了客户参加一个展会时对行业学习的需求，可以很好地提升客户体验。

CBE 开设了官方微博。微博开设于 2018 年 8 月 6 日，截至 2019 年 3 月 10 日，微博发帖数量 838 条，关注人数仅有 1300 余人，且其中对于美博会的具体内容提及较少，所以 CBE 对微博的维护运营还有待提高。

CBE 展会官网。CBE 展会官网的相关信息十分全面，设置有展商中心、观众中心、特备活动、新闻中心和商旅服务几大板块，让客户通过网站能对展会有一个全面的了解。且官网还提供上一届的展会报告，全面翔实，参展商可以从中了解往届展会的举办情况。此外，展会官网上还有本届展会的宣传短片，可以使客户浏览官网时更加清晰直观地了解展会的概况。CBE 展会官网设计简洁清晰，笔者使用时体验感很好。

除了国内的社交平台外，CBE 也会应用许多国外的社交平台进行展会的宣传。比如：Facebook（脸书）、Twitter（推特）、LinkedIn（领英）、Instagram（照片墙）等社交平台。

在视频媒体、综合媒体上进行展会宣传。在CBE前期发布会中，有多家媒体出席。视频媒体如优酷视频、爱奇艺视频、搜狐视频等；综合媒体如今日头条、界面、好奇心日报、新浪网等。各大媒体会对展会的前期筹备情况以及即将举办的展会的规模、主题等进行跟踪报道。通过媒体渠道，主展商可以传播更多的展会信息，更好地宣传展会，客户也可以从报道中深入了解展会，做出是否参展的决策。

（2）展览中数字化接触点的构建与分析

有借助魔都直播、花椒直播、网红直播平台对展会的现场情况进行跟踪直播。2018年CBE线上直播观看人次为66.2万。线上直播为不能亲自来到展会现场的客户提供了一个参与展会的方式和渠道，使每一个想要关注CBE的客户都有机会参与其中，感受展会的氛围。

今日头条、新浪网等综合媒体对展会进行同期报道。展会在举办过程中，除了展会现场各个参展商展位的情况，还有很多活动同期举办，所以综合媒体和视频媒体会对展会同期活动进行报道，比如报道美伊颁奖盛典、中国化妆品采购经理人大会暨产业链高峰论坛等对行业影响力极大的活动。

微信公众号时时跟进展会进行情况。展会期间该公众号一天会发布6到7篇文章，比如2018年CBE期间，5月24日，发布六篇关于CBE现场的报道，从CBE开幕仪式、颁奖典礼到科学论坛，让所有人一同分享CBE的盛况，从而有助于品牌建设。

（3）展览后数字化接触点的构建与分析

电子问卷和电子报告的反馈。在展会结束后，主展商会通过邮件或者社交平台的方式给参展商发放电子版展会调查问卷，并将展会报告、评估结果电子版发给参展商，以便他们更好地了解展会举办情况，为下一年继续参展埋下伏笔。

微信公众号、微博、知乎等展后展会跟踪报道。CBE展会之后，还会举办很多线下的社群活动，比如全国区域性巡展、演讲等，这些进程仍然会通过微信公众号、微博等CBE自己运营的社交平台进行信息的发布。

CBE官网在展后发布展后报告。除了上述提到的主展商会给参展商发送电子版的展后报告外，CBE展会官网上也会及时更新展会的展后报告。

我们将2018年CBE在整个展会过程中，所采用的数字化线上营销方式总结为下表6-3所示。

表 6-3　2018 年 CBE 国内外合作媒体和数据统计

国内	社交平台 微信、微博	直播平台 魔都直播、花椒直播、网红
	综合媒体 今日头条、界面、好奇心日报、新浪网	视频媒体 优酷视频、爱奇艺视频、搜狐视频、北京时间
国际	社交平台 Facebook、Twitter、Linkedin、Instagram	传播渠道 EDM、Blog、第三方合作伙伴
	CBE 2018 年线上渠道总曝光量 1800 万次 浏览阅读量 91.2 万次 展期内活动线上直播观看 66.2 万人次	

从图中数据，我们可以看到 CBE 联合了多家媒体进行展会的营销宣传，且实现了曝光量 1800 万次。CBE 对展会内容做了多元化呈现，文字是一种呈现，视频是一种呈现，图片是一种呈现，还有各种的线上的互动，随着未来的数据的发展，也许会越来越多元化。主展方百文会展公司的副总经理桑莹表示，他们发现现在的人对事物关注的时间越来越短，所以针对展会宣传公司做了大量的十秒短视频，在社交媒体上进行了频率很高的发放。2018 年实现了 91.2 万次的阅读量，66.2 万人次的直播观看量，从点击量和各媒体使用量可以看出，客户对于 CBE 的数字化触点的体验良好。

3. CBE 客户人际接触点构建与分析

人际接触点贯穿整个展会，无论哪一个阶段都需要以双方良好的沟通为基础。人际接触点是客户对公司服务的主要体验渠道，所以会展从业人员良好的交流能力是十分必要的。细致而贴心的交流服务可以让客户有宾至如归的感觉，有利于提升客户的满意度，维护与客户之间的关系。主要的人际接触点梳理如表 6-4 所示。

表 6-4　CBE 2018 年人际接触点

	展览前	展览中	展览后
人际接触点	与主展商沟通展会细节并获取具体信息； 与同行业好友沟通展会信息； CBE 世界行发布会； 副总经理桑莹进行 100 场世界巡回演讲	与展会合作媒体沟通； 与展位搭建商沟通； 与主展商之间沟通； 展会同期活动 70 余场	CBE 商业联盟； 深入全国巡展，助推品牌新品落地

（1）展览前人际接触点构建与分析

与主展商沟通。展会开展前，参展商首先需要从主展商处获得展会举办通知，再与主展方进行具体深入的沟通，从而获悉更多展会相关情况，以便更好地做出参展决策。做出参展决策后，参展企业需要与主展方进行申请参展材料的递交、协议的签署等工作。一般对于参展细节参展企业与参展商之间会通过电话或者面谈的方式进行沟通，所以在沟通过程中，主展商良好的服务态度会增加参展商的满意度。

与同行业伙伴沟通。参展前夕，参展商可能会通过同行业其他好友获得展会举办相关信息。

举办发布会。CBE对于展会大事件会举办大规模的发布会。比如2017年11月16日，CBE国际媒体发布会在香港万里海景大酒店举行，这也是"CBE世界行"系列活动的第六站目的地。发布会上，中国美容博览会桑敬民主席、桑莹秘书长，以及英富曼美容展总经理、上海百文会展有限公司国际总监Claudia Bonfiglioli，面对来自世界各地的媒体，正式发布CBE全球战略，助力产业升级。

进行100多场世界巡演。2018年，CBE主办方百文会展的副总经理桑莹被聘请为专家，做了100场全世界巡演，为化妆行业人员传授整个行业的专业知识，告诉国际的企业中国化妆品行业的产业链是怎么样的，让他们知道如何落地中国。在巡演过程中，桑莹不仅仅是做一个展会的地推，告诉客户该展会有多么强大，而是告诉客户他们在展会中能够得到什么。从客户的需求出发，移情客户，从而提升客户对展会的触点感知。

（2）展览中人际接触点构建与分析

与展位搭建商沟通。在展会正式开始前，参展商除了需要与主展方沟通具体参展流程、展位搭建时间外，还需要和展位搭建商进行更多的交流和沟通，由于搭建商一般是由主展方进行推荐，所以搭建商的专业和良好的服务态度也是给参展商留下好的接触体验的累计触点。

与合作媒体沟通。展会进行过程中，展会的合作媒体对展会进行综合报道，也会针对某家参展商进行专题报道，所以参展商需要与媒体进行良好的沟通。

展会现场同期活动。2018年CBE有代表性的同期活动有"2018中国化妆品零售业大会暨亚洲十国零售峰会""2018中国化妆品采购经理人大会暨产业链高峰论坛""伽蓝·2018中国美伊时尚颁奖盛典""2018国际医学美容皮肤科学论坛"等。此外，每个主题展览都有相关主题的同期会议论坛等活动。活动总计70余场。这些同期活动，无论是论坛、沙龙或是会议等，都是针对美容业有前瞻性的话题展开的，掌控着美容业未来发展的大方向，也为专业的展商和观众提供了新的思路。这里我们仅列出专业美容展的部分同期活动以供示例。

表 6-5 2018 年 CBE 同期活动

活动序号	专业美容展同期活动
1	2018 国际医学美容皮肤科学论坛
2	2018 悦融·中国美业颁奖盛典
3	2018 中国国际美甲美睫文化节
4	2018 上海 CBE 环球创美会国际纹绣大会
5	第二届新医美国际论坛
6	"2018 懒人营销，掀起美容院经营新方向"沙龙分享会
……	……

来源：CBE 展会官网。

（3）展览后人际接触点构建与分析

CBE 商业联盟。创立于 2012 年的 CBE 商业联盟，会聚了中国化妆品行业的渠道中坚力量。经过 3 年多的运作，联盟已在全国 30 个省市设立了分会并任命分会会长。中国美容博览会品牌联盟不仅仅是展商团，更是化妆品上游企业如原料、产品生产、代工、包材、机械设备等供应企业的买家群。据不完全统计，截至目前，联盟会员已超 10 000 个，覆盖化妆品连锁、百货、商超等主流渠道，且皆是当地渠道的翘楚。CBE 商业联盟各省分会在成立之后已形成适合联盟健康发展的模式，并开始逐步壮大，以各省分会为单位，向全国最优质的渠道商与零售商发起邀请，并在展会现场举行大规模商业联盟全国会员大会。展会上，成千上万位渠道商拥向上海新国际博览中心，与品牌面对面。为了更好地服务展商和买家，中国美容博览会还会定向邀请 VIP 高级采购决策者亲临展会现场，与展商面对面商洽。

深入 CBE 全国巡展。美伊大赏颁奖盛典已成为行业关注度最高的时尚盛会，且每一年都以千君盛宴和美妆界奥斯卡规格在 CBE 展会现场登场。美伊大赏获奖品牌在 CBE 展会现场集中亮相后，接下来会跟随 CBE 商业联盟的脚步，巡演全国，助推产品落地。该巡演依托全国 30 余个 CBE 商业联盟分会的渠道资源，深入各地区，直接与最优质的渠道商、零售终端面对面交流交易。全年巡展一般以"展+会+配对+学"这四大板块，帮助品牌有效对接精准渠道；同时，巡展优选全球进口潮品，深入对接全国区域。巡展活动一般包括：品牌配对活动、零售峰会、渠道晚宴和零售大学堂。CBE 通过该方式，深化展会品牌形象，与此同时，为客户提供更加深入的服务。

对于美妆行业来说，CBE 建立了该行业的线下生态圈。CBE 通过展、会、学三方面为品牌乃至整个美业生态圈的线下市场赋能。展，三大主题基本覆盖全产业链；会，全年超50场会议遍及全球；学，CBE零售大学堂，业内大咖共同探索渠道如何健康发展。所以，除了最基础的展会沟通渠道外，CBE开辟多渠道宣传方式，积极采用生态圈模式将全产业链尽收囊中。

4. CBE客户关系维护的体现

上面我们着重分析了CBE客户触点的构建和应用，但对客户触点的应用和分析主要是为维护良好的客户关系服务的。所以在此，我们对CBE的客户关系维护的具体体现进行说明。

将2019年第24届CBE参展商数量与2018年第23届CBE参展商数量相比较。根据上届展会报告，2018年参展商数量3500家，且在2018年CBE刚刚结束不到两个月的时间，距离第24届CBE举办日2019年5月20日至5月22日还有10个月的时候，CBE主办方就已经抛出消息，第24届展会的展位即将售罄。根据最新的第24届签约数据，无论是老牌人气馆、专业特色馆，还是以日本潮品一举爆红的N5等十七个馆全线飘红，截至2018年7月23日已经基本"满员"。可以说，这些人气展馆在上届展会结束不到2个月的时间，就已经一位难求。截至目前，2019年CBE展商数量达3500余家。2019年有许多新的品牌入驻。大体估测客户留存率接近百分之百。这足以体现客户对于该展会的满意度和客户维护的效果。

参展集团对CBE的评价较好，资生堂中国化妆品事业部部长野田雅裕评价道："各个展馆和展位，都有非常多的专业观展嘉宾，能很明显地感受到嘉宾的热情，包括我们泊美的展位，还没到9点就有嘉宾过来咨询。同时，在展会上，我也看到，各个品牌都想要尽量将自己的特色优势展示出来，不管是竞品还是其他品类的展位都设计得非常漂亮。"环亚集团总裁吴知情说道："第22届中国美容博览会呈现了其展示美容行业趋势风向标的创新思维，同时也体现了其推动美容行业生态圈发展的专业服务理念。分主题馆一站式体验岛尽享美容创新趋势，整体展馆根据不同渠道买家的特点与需求，定制了人性化的方向识别与专门的参展路线，为观展者带来了美容行业创新、发展、合作、共赢的时代潮流。"从以上评价我们可以看出，很多企业不仅关注展会的参展商和观众的质量，还关注到了展馆的设计、流线、视觉感受等，也进一步说明，客户触点无处不在。

更多品牌即将入住CBE。以日本为例，截至2018年8月29日，参展2019年CBE的日本企业数量已经翻番，2019年预计将有超过300个日本品牌亮相第24届中国美容博览会。为了让更多的日本优质品牌进入中国市场，日本特色品牌馆将惊艳现世。

通过以上三个方面，笔者认为 CBE 的客户关系维护分别作用于展会品牌和客户接触点。客户接触点是展会逐渐优化品牌形象的切入点，通过 N 位美妆集团董事的评价可知，他们的触点感知也充当了参展体验十分重要的一部分。所以，美博会通过客户触点有效地维护了客户关系，也进一步说明客户触点的优化和管理对于会展企业是十分必要的，也是会展品牌建立的重要关卡。

（三）CBE 研究结论

在智慧化的背景下，展会各个环节中智慧化手段的应用越来越广泛。我们以 CBE 为例，研究了客户触点与客户关系之间的联系。通过案例分析可知，客户触点与客户关系相辅相成，客户关系的维护离不开企业对客户触点的关注和应用，客户触点可以提升客户体验，客户体验可以更好地满足客户需求，进而维护客户关系。所以对于会展企业来说，在客户触点方面投入更多设计和策划势在必行。具体结论如下。

1. 客户触点有利于展会营销

根据对 2018 年 CBE 各方面客户触点的详细分析，我们可以看到 CBE 对于客户触点的应用，主要体现在展会的营销中。首先，大量的线上营销使得客户更方便快捷地了解展会信息，此处均为客户的数字化触点的应用。其次，CBE 投入大量的成本做世界巡演，为化妆行业的从业者传授专业知识，通过增加与客户之间的接触，且在接触过程中移情客户，从而增强客户的满意度和忠诚感，对展会起到了极大的宣传推广作用，体现了抓住客户触点对于展会营销的重要性。最后，CBE 抓住了客户的感知触点，利用广告、宣传视频营造冲击，使客户的体验得到进一步优化。

客户触点在展会营销中充当了及其重要的角色，企业只有抓住客户的每一个触点，才能更好地利用客户触点进行深度营销，且也会取得较好的营销效果。

2. 客户触点有利于品牌形象的建设

客户触点的应用有利于展会品牌形象的建立，展会品牌的建立也是良好的客户关系的基础。CBE，作为美容界的品牌展会，可以毫不费力邀请到行业的龙头企业，且展位预订不需要进行大规模的营销推广，甚至可能出现供不应求的情况。展会品牌的建立使它拥有了选择客户的主动权，这样长此以往使得展会的举办形成良性循环，提高了客户的维护率，降低了客户的流失率。

综合案例分析我们总结出有利于展会品牌营销的品牌触点，这些触点可以加强品牌的建设，影响品牌形象的建立。如图 6-3 所示。

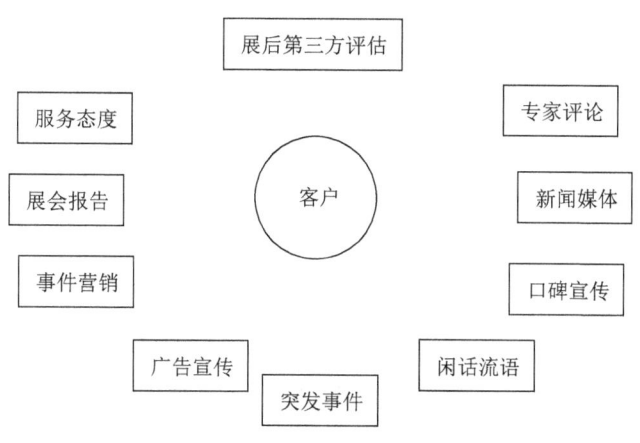

图 6-3　展会品牌接触点

以上所提到的品牌接触点均会对品牌建设产生影响，同时又是客户接触点的一部分，客户会将通过以上途径获得的与展会相关的所有信息整合到一起，形成一个整体印象，这个印象会影响他们对展会的评价。所以主展商要关注每一个品牌接触点的管理，使得触点在营销中的价值最大化。加强了品牌建设，客户关系也就得到了保障。

3. 客户触点有利于提升客户体验

客户触点是客户体验的具体化，客户体验是客户触点的效果感知。所以 CBE 的每一个客户触点的优化和应用都是提升客户体验的枢纽。在智慧化背景下，客户触点通过智慧化手段得到了优化，比如参展商获取信息的渠道更加多元化，报名参展的方式更加便捷等，使客户体验更加优化，既可以节省客户时间，又可以使主展商自身的工作量减少。此外，2018 年 CBE 开设的艺术大展，也是抓住了客户的视觉触点，让客户在参展的同时，可以感受到艺术的熏陶和视觉的享受，从而提升了体验。所以，CBE 的每一个精心的设计都是客户触点在提升客户体验中的应用，提升客户体验使得客户参展更加愉悦，在实现了参展核心目的的同时，感受到的人文关怀和科技盛宴也会潜移默化地使得客户对展会的好感得到累积，进而提升客户满意度，增强双方关系。

四、案例启示

在"互联网+"时代，展览企业要高度重视服务战略模式创新，构建一个协同共生的展览生态系统。互联网与展览业的融合目前处在初级阶段，服务战略模式创新是互联网与展览业深度融合的必经之路和终极追求。实现互联网与展览业在业务、数据、技术与价值四方面的融合是展览业转型升级的有效推动力。

通过以上案例分析，我们探索了互联网与展览经济的融合与发展规律，解构了互联网驱动的展览业服务战略模式创新业态。

为在"互联网+"环境下展览企业服务战略模式创新提供经验借鉴；有助于为互联网与展览业深入融合以及展览业相关政策落地提供理论支撑和决策依据。

展览业作为生产性服务业的一种，大力发展展览业，一方面能带动服务业发展，推动经济转型升级；同时也有助于提升产品附加值和带动产业链延伸。"互联网+"与展览相结合，发展新兴展览业态，是趋势和必然。随着科技的迅速发展，传统会展业借助智慧化手段完成了行业的变革，迎来了智慧会展时代。智慧会展以"客户的情感体验"为中心，利用大数据、物联网、云计算、人工智能等智慧化手段将客户接触点进行优化，使其变得更加智能化、人性化，使客户得到更好的体验，从而更好地维护客户关系。

参考文献

[1] ACHROL R S, KOTLER P. Marketing in the Network Economy [J]. Journal of Marketing, 1999, 63 (1): 146-163.

[2] AHAMED Z, KAMOSHIDA A, INOHARA T. Organizational Factors to the Effectiveness of Implementing Servitization Strategy [J]. Journal of Service Science & Management, 2013, 06: 177-185.

[3] AKAKA M A, VARGO S L, LUSCH R F. The Complexity of Context: A Service Ecosystems Approach for International Marketing [J]. Journal of International Marketing, 2013, 21 (4): 1-20.

[4] AKKERMANS H, VOSS C. The service bullwhip effect [J]. International Journal of Operations & Production Management, 2013, 66 (6): 765-788.

[5] ANDERSON J, NARUS J. Capturing the value of supplementary services [J]. Harvard Business Review, 1995 (1): 75-83.

[6] BRENDAN J G, SHEELAGH M, KENNETH R D, et al. Assessing Sources of Competitive Advantage in a Service-Dominant World [J]. Australasian Marketing Journal, 2007, 15 (1): 0-75.

[7] AXELSSON B, WYNSTRA F. Interaction patterns in services exchange – some thoughts on the impact of different kinds of services on buyer-supplier interfaces and interactions [C]. 16th IMP Conference, 2000.

[8] BAINES T, LIGHTFOOT W Howard. Servitization of the manufacturing firm: Exploring the operations practices and technologies that deliver advanced services [J]. International Journal of Operations & Production Management, 2014, 34 (1): 2-35.

[9] BALTACIOGLU, ADA, KAPLAN, et al. A new framework for service supply chains [J]. The Service Industries Journal, 2007, 27 (2): 105-124.

[10] BANOMYONG R, SUPATN N. Developing a supply chain performance tool for SMEs in Thailand [J]. Supply Chain Management An International Journal,

2011, 16（1）: 20-31（12）.

[11] BARNETT N J, PARRY G, SAAD M, et al. Servitization: Is a Paradigm Shift in the Business Model and Service Enterprise Required?［J］. Strategic Change, 2013, 22（3-4）: 145-156.

[12] BARQUET A P B, OLIVEIRA M G D, AMIGO C R, et al. Employing the business model concept to support the adoption of product-service systems（PSS）[J]. Industrial Marketing Management, 2013, 42（5）: 693-704.

[13] BAUM E L, ERICH W, ZIMMERMANN. World Resources and Industries［J］. American Journal of Agricultural Economics, 1951.

[14] BENDAPUDI N, LEONE R P. Psychological Implications of Customer Participation in Co-Production［J］. Journal of Marketing, 2003, 67（1）: 14-28.

[15] BERRY L L. Cultivating service brand equity［J］. Journal of Academy of Marketing Science, 2000, 28（1）: 128-137.

[16] BETTENCOURT L A, LUSCH R F, VARGO S L. A Service Lens on Value Creation: marketing's role in achieving strategic advantage［J］. California Management Review, 2014.

[17] BIKFALVI A, LAY G, MALOCA S, et al. Servitization and networking: large-scale survey findings on product-related services[J]. Service Business, 2013, 7(1): 61-82.

[18] BISWAS S. The future of competition: co-creating unique value with customers［J］. Journal of Competitiveness Studies, 2004, 12（5）: 155-157.

[19] BITNER M J. Building Service Relationships: It's All About Promises［J］. Journal of Academy of Marketing Science, 1995, 23（4）: 246-251.

[20] BRAX S. A manufacturer becoming service provider – challenges and a paradox［J］. Journal of Service Theory & Practice, 2005, 15（2）: 142-155.

[21] BRODIE R J, GLYNN. The service brand and the service-dominant logic: missing fundamental premise or the need for stronger theory?［J］. Marketing Theory, 2006, 6（3）: 363-376.

[22] BROWING H, SINGLEMAN J. The emergency of a service society: demographic and sociological aspects of the sectoral transformation in the labor force of the USA national technical information service［J］.National Technical Information Service,

1975, 15-123.

[23] CANNON J P, PERREAULT W D. Buyer seller relationships in business markets[J]. Journal of Marketing Research, 1999, 36（4）: 439-460.

[24] CARROLL G R, HANNAN. Density dependence in the evolution of populations of newspaper organizations [J]. American Sociological Review, 1989, 54（8）: 524-541.

[25] CHERINGTON P T. The Elements of Marketing [M]. New York: Macmillan, 1920.

[26] DONG WON CHO, YOUNG HAE LEE, SUNG HWA AHN, et al. A framework for measuring the performance of service supply chain management [J]. Computers & Industrial Engineering, 2012, 62（3）: 801-818.

[27] CHRISTIAN GRÖNROOS. From Marketing Mix to Relationship Marketing: Towards a Paradigm Shift in Marketing [M]. Pearson Education, 1994.

[28] CLARK C. Conditions of Economic Progress [M]. London: The Macmillan Co, 1940.

[29] COHEN M A, AGRAWAL. Winning in the aftermarket [J]. Harvard Business Review, 2006, 84（5）: 129-138.

[30] COLTMAN T, DEVINNEY T M. Modeling the operational capabilities for customized and commoditized services [J]. Social Science Electronic Publishing, 2013（31）: 555-566.

[31] CONNER K R, PRAHALAD C K. A Resource-Based Theory of the Firm: Knowledge Versus Opportunism [J]. Organization Science, 1996, 7（5）: 477-501.

[32] CONSTANTIN JAMES A, ROBERT F LUSCH. Understanding Resource Management [M]. Oxford, OH: The Planning Forum. 1994.

[33] COVA B, SALLE R. Marketing solutions in accordance with the S-D logic: Co-creating value with customer network actors [J]. Industrial marketing management, 2008（37）: 270-277.

[34] COYNE K. Beyond service fads - meaningful strategies for the real world [J]. Sloan Management Review, 1989, 30（4）: 69-76.

[35] CROSON R, DONOHUE K. Behavioral causes of the bullwhip effect and the

observed value of inventory information [J]. Management Science, 2006 (52): 323-336.

[36] DACIN M T, OLIVER C. The Legitimacy of Strategic Alliance: An Institutional Perspective [J]. Strategic Management, 2007, 28 (1): 169-187.

[37] DAUGHERTY P J, PITTMAN P H. Utilization of time-based strategies: Creating distribution flexibility/responsiveness [J]. International Journal of Operations & Production Management, 1995 (15): 54-60.

[38] DAVIES A, BRADY T, HOBDAY M. Charting a path toward integrated solutions [J]. Sloan Management Review, 2006, 43 (7): 39-48.

[39] DAVIES A, BRADY T, HOBDAY M. Organizing for solutions: Systems seller vs. systems integrator [J]. Industrial Marketing Management, 2007, 36 (2): 183-193.

[40] DAVIES A. Moving base into high-value integrated solutions: a value stream approach [J]. Industrial and Corporate Change, 2004, 13 (5): 727-756.

[41] DAY G S, MONTGOMERY D B. Charting New Directions for Marketing [J]. Journal of Marketing, 1999, 63 (63): 3-13.

[42] DIMACHE A, ROCHE T. A decision methodology to support servitisation of manufacturing [J]. International Journal of Operations & Production Management, 2013, 33 (11/12): 1435-1457 (23).

[43] DIXON M, VERMA R. Sequence Effects in Service Bundles: Implications for Service Design and Scheduling [J]. Journal of Operations Management, 2013, 31 (3): 138-152.

[44] DIXON D F. Marketing as Production: The Development of a Concept [J]. Journal of the Academy of Marketing Science, 1990, 18 (4): 337-343.

[45] DONALDSON T, PRESTON L E. The stakeholder theory of the corporation concepts, evidence and implications [J]. Academy of Management Review, 1995, 20 (1): 65-91.

[46] DOUGLAS M LAMBERT, MARTHA C COOPER. Issues in Supply Chain Management [J]. Industrial Marketing Management, 2000 (29): 65-83.

[47] DOWLING J, PFEFFER J. Organizational legitimacy: social values and organizational behavior [J]. Pacific Sociological Review, 1975, 18 (1): 122-

136.

[48] DYER W G, WILKINS A L. Better Stories, Not Better Constructs, To Generate Better Theory: A Rejoinder to Eisenhardt [J]. Academy of Management Review, 1991, 16 (3): 613-619.

[49] EDVARDSSON B, HOLMLUND M, STRANDVIK T. Initiation of business relationships in service-dominant settings [J]. Industrial Marketing Management, 2008 (37): 339-350.

[50] EDWARD G, ANDERSON J R, DOUGLAS J M. A Simulation Game for Teaching Service Oriented Supply Chain Management: Does Information Sharing Help Managers with Service Capacity Decisions? [J]. Production and Operations Management, 2000, 9 (1): 40-55.

[51] EIRIZ V, WILSON D. Research in relationship marketing: antecedents, traditions and integration [J]. European Journal of Marketing, 2006, 40 (3/4): 275-291.

[52] EISENHARDT K M. Building theories from case study research [J]. Academy of Management Review, 1989, 14 (4): 532-550.

[53] ELLRAM L M, TATE W L, BILLINGTON C. Understanding and managing the service supply chain [J]. Journal of Supply Chain Management 2004, 40 (4): 17-32.

[54] FISK R P, BROWN S W, BITNER M J. Tracking the Evolution of Services Marketing Literature [J]. Journal of Retailing, 1993, 69 (1): 61-103.

[55] FORD D, MOUZAS S. Service and Value in the Interactive Business Landscape [J]. Industrial Marketing Management, 2013, 42 (1): 9-17.

[56] FRAMBACH R, WELS-LIPS I, GUᐨNDLACH A. Proactive product service strategies – an application in the European health market [J]. Industrial Marketing Management, 1997 (26): 341-352.

[57] FREEMAN R E. Strategic Management: A Stakeholder Approach [M]. Pitman, Boston, 1984.

[58] FRIDA PEMER, ANDREAS WERR, MATTIA BIANCHI. Purchasing Professional Services: A Transaction Cost View of the Antecedents and Consequences of Purchasing Formalization [J]. Industrial Marketing Management, 2014, 43 (5): 840-849.

[59] FRITZ MACHLUP. The Production and Distribution of Knowledge in the United States [M]. Princeton: Princeton University Press, 1962.

[60] GASSENHEIMER J B, HOUSTON F S, Davis J C. The role of economic value, social value and perceptions of fairness in interoganizational relationship retention decisions [J]. Journal of Academy of Marketing Science, 1998, 26.

[61] GEBAUER H, PAIOLA M, SACCANI N. Characterizing Service Networks for Moving from Products to Solutions [J]. Industrial Marketing Management, 2013, 42(1): 31-46.

[62] GEBAUER H, PUETZ F, FISCHER T, et al. Service orientation of organizational structures [J]. Journal of Relationship Marketing, 2009, 8(2): 103-126.

[63] GEBAUER, HEIKO, FLEISCH, ELGAR. An investigation of the relationship between behavioral processes, motivation, investments in the service business and service revenue [J]. Industrial Marketing Management, 2007, 36(3): 337-348.

[64] GIANNAKIS MIHALIS. Management of Service Supply Chains with a Service-oriented Reference Model: the Case of Management Consulting [J]. Supply Chain Management: An International Journal, 2011, 16(5): 346-361.

[65] GILMORE J H. The four faces of mass customization [J]. Harv Bus Rev, 1997, 75(1): 91-101.

[66] GREENFIELD H I. Manpower and the Growth of Producer Services [J]. Economic Development, 1966: 163.

[67] GREGORY M J. Servitization in Manufacturing Companies: A Conceptualization, Critical Review and Agenda [J]. Journal of the Japan Welding Society, 2007, 66(12): 151-155.

[68] GRÖNROOS C. Service Logic Revisited: Who Creates Value? And Who Co-creates [J]. European Business Review, 2008, 20(4): 298-314.

[69] GRÖNROOS CHRISTIAN, GUMMERUS JOHANNA. The Service Revolution and It's Marketing Implications: Service Logic vs. Service-dominant Logic [J]. Managing Service Quality, 2014, 24(3): 206-229.

[70] GRÖNROOS, CHRISTIAN, RAVALD ANNIKA. Service as business logic: implications for value creation and marketing [J]. Journal of Service Management,

2011, 22 (1): 5-22.

[71] GRUBEL H G, WALKER M A. Service Industry Growth: Causes and Effects [R]. Vancouver: The Fraser Institute, 1989: 45-52.

[72] GUMMESSON E. Truths and Myths in Service Quality [J]. Journal for Quality & Participation, 1995, 2 (3): 7-16.

[73] HAECKEL S H. Adaptive Enterprise: Creating and Leading Sense-And-Respond Organizations [J]. Long Range Planning, 1999, 33 (2): 268-271.

[74] HAKANSSON H. International marketing and purchasing of industrial goods: an interaction approach [J]. Strategic Management Journal, 1982, 3 (4): 383-384.

[75] HANSEN N. The Strategic Role of Producer Services in Regional Development [J]. International Regional Science Review, 1994, 23 (1): 13-20.

[76] HEINONEN K, STRANDVIK T, KARL-JACOB MICKELSSON, et al. A customer-dominant logic of service [J]. Journal of Service Management, 2010, 21 (4): 531-548.

[77] HEINONEN, KRISTINA, TORE STRANDVIK, et al. Customer dominant value formation in service [J]. European Business Review, 2013, 25 (2): 104-123.

[78] HEWITT F. Supply Chain Redesign [J]. The International Journal of Logistics Management, 1994, 5 (2): 1-9.

[79] HOLDEN M T, O'TOOLE T. A quantitative exploration of communication's role in determining the governance of manufacturer-retailer relationships [J]. Industrial Marketing Management, 2004, 33 (6): 539-548.

[80] HSU L. SCM system effects on performance for interaction between suppliers and buyers [J]. Industrial Management and Data Systems, 2005, 105 (7): 857-875.

[81] HUNT, SHELBY D, ROBERT M MORGAN. The Comparative Advantage Theory of Competition [J]. Journal of Marketing, 2000, 59 (1): 1-15.

[82] JAAKKOLA E, HAKANEN T. Value co-creation in solution networks [J]. Industrial Marketing Management, 2013, 42 (1): 47-58.

[83] JÄÄSKELÄINEN A, LAIHONEN H, LÖNNQVIST A. Distinctive features of service performance measurement [J]. International Journal of Operations &

Production Management, 2014, 34（12）: 1466-1486.

[84] JACK S C, KATHY D, AMIE F. From raw materials to customers: supply chain management in the service industry [J]. Advanced Management Journal, 2000, 66（4）: 14-21.

[85] JEAN-BAPTISTE E L, RIORDAN M H. Capital Markets Constrain Industry Scale [J]. Ssrn Electronic Journal, 2003.

[86] JULEFF L. The Location Pattern's of Advanced Productive Service Employment in Great Britain [R]. 1996.

[87] KASTALLI, LOOYC. Servitization: Disentangling the impact of service business model innovation on manufacturing firm performance [J]. Journal of operations management, 2013, 31（4）: 169-180.

[88] KIM D, CAVUSGIL S T, CAVUSGIL E. Does IT alignment between supply chain partners enhance customer value creation? An empirical investigation [J]. Industrial Marketing Management, 2013, 42（6）: 880-889.

[89] KOHTAMÄKI M, PARTANEN J, MÖLLER K. Making a profit with R&D services — The critical role of relational capital [J]. Industrial Marketing Management, 2013, 42（1）: 71-81.

[90] KOHTAMÄKI M, PARTANEN J, PARIDA V, et al. Non-linear relationship between industrial service offering and sales growth: The moderating role of network capabilities [J]. Industrial Marketing Management, 2013, 42（8）: 1374-1385.

[91] KOTABE M. MARTIN X. DOMOTO H. Gaining from vertical partnership link durations: knowledge transfer, relationship duration, and supplier performance improvement in the US and Japanese automotive industries [J]. Strategic Management Journal, 2003（24）: 293-316.

[92] KOWALKOWSKI C, WITELL L, GUSTAFSSON A. Any way goes: Identifying value constellations for service infusion in SMEs [J]. Industrial Marketing Management, 2013, 42（1）: 18-30.

[93] KRONE K, JABLIN F, PUTNAM L. Communication theory and organizational communication: multiple perspectives [M]. Sage, Newbury Park, CA, 1987: 11-17.

[94] LARSON J L. An Inquiry into the Nature and Causes of the Wealth of Nations [J].

Journal of the Early Republic, 1937, 35（25）: 115-126.

[95] LECOCQ X, DEMIL B, Ventura J. Business Models as a Research Program in Strategic Management: An Appraisal based on Lakatos [J]. 2010, 13（4）: 214-225.

[96] LEONARD-BARTON D. Core capabilities and core rigidities: A paradox in managing new product development[J]. Strategic Management Journal, 1992(13): 111-125.

[97] LESEURE M, MARTINEZ V, BASTL M, et al. Challenges in transforming manufacturing organisations into product-service providers [J]. Journal of Manufacturing Technology Management, 2010, 21（4）: 449-469.

[98] LEUSCHNER R, CARTER C R, GOLDSBY T J, et al. Third-Party Logistics: A Meta-Analytic Review and Investigation of Its Impact on Performance [J]. Journal of Supply Chain Management, 2014, 50（1）: 21-43.

[99] LEUSCHNER R, CHARVET F, ROGERS D S. A Meta-Analysis of Logistics Customer Service [J]. Journal of Supply Chain Management, 2013, 49（1）: 47-63.

[100] LEVITT T. Marketing myopia [J]. Harv Bus Rev, 2004, 82（7/8）: 138-149.

[101] LIGHTFOOT H, BAINES T, SMART P. The servitization of manufacturing: A systematic literature review of interdependent trends [J]. International Journal of Operations & Production Management, 2013, 33（5）: 1408-1434（27）.

[102] LITTLE V J. Understanding Customer Value: An Action-Research Based Study of Contemporary Marketing Practice [D]. Auckland: University of Auckland, New Zealand, 2004.

[103] LIU WEI HUA, LIU CHUN LING, GE MEIYING. An order allocation model for the two-echelon logistics service supply chain based on cumulative prospect theory [J]. Journal of Purchasing & Supply Management, 2013, 19（1）: 39-48.

[104] LUSCH R F, VARGO S L. The Service-Dominant Logic of Marketing: Dialog, Debate, and Directions [M].Armonk, New York: M. E. Sharpe, 2006.

[105] MAKKONEN H, VUORI M. The role of information technology in strategic buyer-supplier relationships [J]. Industrial Marketing Management, 2014, 43（6）: 1053-1062.

[106] MALLERET V. Value Creation through Service Offers [J]. European Management Journal, 2006, 24(1): 106–116.

[107] MANZINI E, VEZZOLI C. A strategic design approach to develop sustainable product service systems: example taken from the 'environmentally friendly innovation' Italian prize [J]. Journal of Cleaner Production, 2003, 11(8): 851–857.

[108] MANZINI E, VEZZOLI C, CLARK G. Product service systems: using an existing concept as a new approach to sustainability [J]. Journal of Design Research, 2001, 1(2).

[109] MARKUSEN R. Trade in Producer Services and in Other Specialized Intermediate Inputs [J]. American Economic Review, 1989(3): 85–95.

[110] MARSHALL J. Understanding the location and role of producer services in the UK [J]. Environment and Planning, 1987(19): 575–595.

[111] MARTINEZ V, BASTL M, KINGSTON J, et al. Challenges in transforming manufacturing organisations into product-service providers [J]. Journal of Manufacturing Technology Management, 2004, 21(4): 449–469.

[112] MATHIEU V. Product services: from a service supporting the product to a service supporting the client [J]. Journal of Business & Industrial Marketing, 2001, 16(1): 39–61.

[113] MCCARTHY E JEROME. Basic Marketing, A Managerial Approach [M]. Homewood, IL: Richard D. Irwin. 1960.

[114] MCKITTERICK J B. What Is the Marketing Management Concept? [M]. Chicago: The Frontiers of Marketing Thought and Science, 1957.

[115] MCLOUGHIN D, HORAN C. Business marketing: Perspectives from the markets-as-networks approach [J]. Industrial marketing management, 2000, 29(4): 285–292.

[116] MEYER J W, ROWAN B. Institutionalized organizations: Formal structure as myth and ceremony [J]. American Journal of Sociology, 1977, 83(2), 340–363.

[117] MICK D G, FOURNIER S. Paradoxes of Technology: Consumer Cognizance, Emotions, and Coping Strategies [J]. Journal of Consumer Research, 1998, 25(2):

123-143.

［118］MISANGYI V F, WEAVER G R, ELMS H. Ending corruption: The interplay among institutional logics, resources, and institutional entrepreneurs［J］. Academy of Management Review, 2008, 33（3）: 750-770.

［119］MITCHELL R K, AGLE B R, WOOD D J. Toward a theory of stakeholder identification and salience: defining the principle of who and what really counts［J］. Academy of Management Review, 1997, 22（2）: 853-886.

［120］MOHR J, NEVIN J R. Communication strategies in marketing channels: a theoretical perspective［J］. Journal of Marketing, 1990, 54（4）: 36-51.

［121］MOHR J J, RAVIPREET S S. Communication flows in distribution channels: Impact on assessments of communication quality and satisfaction［J］. Journal of Retailing, 1995, 71（4）: 393-416.

［122］MONT O. Introducing and Developing a PSS in Sweden, Lund University［R］. IIIE Reports 6, Lund University, Sweden, 2001.

［123］MOTWANI J G, GEBAUER H, FRIEDLI T, et al. Success factors for achieving high service revenues in manufacturing companies［J］. Benchmarking: An International Journal, 2006, 13（3）: 374-386.

［124］NÄTTI S, PEKKARINEN S, HARTIKKA A, et al. The intermediator role in value co-creation within a triadic business service relationship［J］. Industrial Marketing Management, 2014（43）: 977-984.

［125］NEELY A. Exploring the financial consequences of the servitization of manufacturing［J］. Operations Management Research, 2008, 1（2）: 103-118.

［126］NEU W A, BROWN S W. Forming successful business-to-business services in goods-dominant firms［J］. Journal of Service Research, 2005, 8（1）: 3-17.

［127］PARRY G, SMITH L, MAULL R, et al. Transitioning from a goods-dominant to a service-dominant logic: Visualising the value proposition of Rolls-Royce［J］. Journal of Service Management, 2012, 23（3）: 416-439.

［128］NONAKA I. A dynamic theory of organizational knowledge creation［J］. Organization science, 1994, 5（1）: 14-37.

［129］NORMANN R, RAMIREZ R R. From Value Chain to Value Constellation: Defining Interactive Strategy［J］. Harvard business review, 1993, 71（4）:

65-77.

[130] NORMANN, RICHARD. Reframing Business: When the Map Changes the Landscape [J]. Technovation, 2001, 22（11）: 731-732.

[131] FOOTE N W, GALBRAITH J, HOPE Q, et al. Making solutions the answer [J]. Mc Kinsey Quarterly, 2001（3）: 84-93.

[132] NYSTROM, PAUL.The Economics of Retailing [M]. New York: Ronald Press, 1915.

[133] OLIVA R, KALLENBERG R. Managing the transition from products to services[J]. International Journal of Service Industry Management, 2003, 14（2）: 160-172.

[134] OPPERMANN M, CHON K S. Convention participation decision-making process. [J]. Annals of Tourism Research, 1997, 24（1）: 178-191.

[135] PALO T, TÖHTINEN J. Networked business model development for emerging technology-based services [J]. Industrial Marketing Management, 2013, 42（5）: 773-782.

[136] PARASURAMAN A, ZEITHAMAL. A conceptual model of service quality and its implications for future research [J]. Journal of Marketing, 1985（49）: 41-50.

[137] PARASURAMAN A, GREWAL D. The impact of technology on the quality-value-loyalty chain: A research agenda [J]. Journal of the Academy of Marketing Science, 2000, 28（1）: 168-174.

[138] PEMER F, WERR A, BIANCHI M. Purchasing professional services: A transaction cost view of the antecedents and consequences of purchasing formalization [J]. Industrial Marketing Management, 2014, 43（5）: 840-849.

[139] PENROSE, EDITH T. The Theory of the Growth of the Firm [M] .1959.

[140] PFEFFER J, SALANCIK G R. The External Control of Organizations: A Resource Dependence Perspective [J]. Social Science Electronic Publishing, 2003, 23（2）: 123-133.

[141] PINE B JOSEPH, JAMES H Gilmore. The Experience Economy: Work Is Theater and Every Business a Stage [M]. Boston: Harvard Business School Press, 1999.

[142] PRAHALAD C K, HAMEL G. The core competence of the corporation [J]. Harvard Business Review, 1990, 68（3）: 79-91.

[143] PRAHINSKI C, BENTON W C. Supplier evaluations: Communication strategies

to improve supplier performance [J] .Journal of Operations Management, 2004, 22 (1): 39-62.

[144] PRICE H. The Marketing of Farm Products [M]. The Macmillan Company, 1916.

[145] PULLES J NIELS, VELDMAN JASPER, SCHIELE, et al. Identifying innovative suppliers in business networks: An empirical study [J]. Industrial Marketing Management, 2014, 43 (3): 409-418.

[146] RAHMAN N A A, MELEWAR TC, SHARIF A M. The establishment of industrial branding through dyadic logistics partnership success (LPS): The case of the Malaysian automotive and logistics industry [J]. Industrial Marketing Management, 2014, 43 (3): 67-76.

[147] RAMANI G, KUMAR V. Interaction orientation and firm performance [J]. Journal of Marketing, 2008, 72 (1): 27-45.

[148] RAO S, RABINOVICH E, RAJU D. The role of physical distribution services as determinants of product returns in Internet retailing [J]. Journal of Operations Management, 2014, 32 (6): 295-312.

[149] RAO S, PERRY C. Thinking about relationship marketing: where are we now [J]. Journal of business and Industrial Marketing, 2002, 17 (7): 598-614.

[150] RATHMELL, JOHN M. What Is Meant by Services? [J] . Journal of Marketing, 1966, 30 (10): 32-36.

[151] REINARTZ W W, VLAGA W. How to Sell Services More Profitable [J]. Harvard Business Review, 2008, 27 (5): 160-172.

[152] RIDDLE D. Service-Led Growth: The Role of the Service Sector in World Development [M] .New York: Praeger Publishers, 1986.

[153] ROBERT K. Case study research: Design and methods [J]. Sage Publications, 2003.

[154] SAMLI A C, JACOBS L W, WILLS J. What presale and postsale services do you need to be competitive [J]. Industrial Marketing Management, 1992, 21 (1): 33-41.

[155] SAMPSON S E, SPRING M. Customer roles in service supply chains and opportunities for innovation [J]. Journal of Supply Chain Management, 2012, 48 (4): 30-50.

[156] SAMPSON S E. Foundations and Implications of a Proposed Unified Services Theory [J]. Production & Operations Management, 2006, 15 (2): 345-346.

[157] SAMPSON, SCOTT E. Customer-supplier duality and bidirectional supply chains in service organizations [J]. International Journal of Service Industry Management, 2000, 11 (4): 348-364 (17).

[158] SANTOS J B, D'ANTONE S. Reinventing the wheel? A critical view of demand-chain management [J]. Industrial Marketing Management, 2014, 43 (6): 1012-1025.

[159] SAWHNEY M, BALASUBRAMANIAN S, KRISHNAN V V. Creating Growth With Services [J]. Mit Sloan Management Review, 2004, 45 (2): 34-43.

[160] SCHLESINGER L A, HESKETT J L. The service-driven service company [J]. Harv Bus Rev, 1991, 69 (5): 71-81.

[161] SCOTT A J. Flexible production systems and regional development: the rise of new industrial spaces in North America and western Europe [J]. International Journal of Urban & Regional Research, 2010, 12 (2): 171-186.

[162] SCOTT W R. Institutions and organizations [M]. SAGE Publications, 1994: 55-80.

[163] SELVIARIDIS K, SPRING M, ARAUJO L. Provider involvement in business service definition: A typology [J]. Industrial Marketing Management, 2013, 42 (8): 1398-1410.

[164] SHAW A W. Some Problems in Market Distribution [J]. The Quarterly Journal of Economics, 1912, 26 (4): 703-765.

[165] SHEMWELL REINARTZ W, ULAGA W. Cómo vender servicios rentablemente [J]. Harvard Business Review, 2008 (86): 69-75.

[166] SHETH J N, SISODIA R S, SHARMA A. The antecedents and consequences of customer-centric marketing [J]. Journal of the Academy of Marketing Science, 2000, 28 (1): 55-66.

[167] SMITH L, MAULL R, NG I C L. Servitization and operations management: a service dominant-logic approach [J]. International Journal of Operations & Production Management, 2014, 34 (2): 242-269.

[168] SPRING M, ARAUJO L. Beyond the service factory: Service innovation in

manufacturing supply networks [J]. Industrial Marketing Management, 2013, 42 (1): 59–70.

[169] STEEL M, DUBELAAR C, EWING M T. Developing customised CRM projects: The role of industry norms, organisational context and customer expectations on CRM implementation [J]. Industrial Marketing Management, 2013, 42 (8): 1328–1344.

[170] STULL W J, MADDEN J F. Post-industrial Philadelphia: structural changes in the metropolitan economy [M]. University of Pennsylvania Press, 1990.

[171] STURGEON T, FLORIDA R. Globalization and jobs in the automotive industry [J]. Unpublished Final Report to the Alfred P. Sloan Foundation, 2000.

[172] SUCHMAN M C. Managing legitimacy: Strategic and institutional approaches [J]. Academy of Management Review, 1995, 20 (3): 571–610.

[173] TEECE D, PISANO G. The Dynamic Capabilities of Firms: an Introduction [J]. Industrial and Corporate Change, 1994, 3 (3): 537–556.

[174] TEECE D J. Explicating dynamic capabilities: the nature and microfoundations of (sustainable) enterprise performance [J]. Strategic Management Journal, 2007, 28 (13): 1319–1350.

[175] TEECE D J, PISANO G, SHUEN A. Dynamic capabilities and strategic management [J]. Strategic Management Journal, 1997, 18 (7): 509–533.

[176] THOMAS E. Supplier integration in new product development: Computer mediated communication, knowledge exchange and buyer performance [J]. Industrial Marketing Management, 2013, 42 (6): 890–899.

[177] TOLBERT P S, ZUCKER L G. Institutional sources of change in the formal structure of organizations: The diffusion of civil service reforms [J]. Administrative Science Quarterly, 1983, 28 (1): 22–39.

[178] TSCHETTER J. Producer Services Industries: Why Are They Growing So Rapidly? [J]. Monthly Labor Review, 1987, 110 (12): 31–40.

[179] TUKKER A, CHRISTIAAN V D B, TISCHNER U. Product-services: a specific value proposition [J]. New Business for Old Europe: Product-Service Development, 2006 (14): 21–34.

[180] TUKKER A. First EU network on sustainable product-service development launched

[J]. International Journal of Life Cycle Assessment, 2003, 11（6）: 703-704.

[181] TURUNEN T, FINNE M. The organisational environment's impact on the servitization of manufacturers [J]. European Management Journal, 2014（32）: 603-615.

[182] UALLACHAIN BO, REID N. The location and growth of business and professional services in American metropolitanareas, 1976-1986 [J]. Annals of the Association of American Geographers, 1991, 81（2）: 254-270.

[183] ULAGA W, LOVELAND J M. Transitioning from product to service-led growth in manufacturing firms: Emergent challenges in selecting and managing the industrial sales force [J]. Industrial Marketing Management, 2014, 43（1）: 113-125.

[184] FUCHS V. The Service Economy [M]. New York: National Bureau of Economic Research, 1968: 1-13.

[185] VAN DER VALK W, WYNSTRA F. Variety in business-to-business services and buyer-supplier interaction: The case of cleaning services [J]. International Journal of Operations & Production Management, 2014, 34（2）: 195-220.

[186] VANDAELE D, GEMMEL P. Purchased business services influence downstream supply chain members [J]. International Journal of Service Industry Management, 2007, 18（3）: 307-321.

[187] VANDERMERWE S, RADA J. Servitization of Business: Adding Value by Adding Services [J]. European Management Journal, 1988, 6（4）: 314-324.

[188] VARGO S L, LUSCH R F. Service-dominant logic: continuing the evolution [J]. Journal of the Academy of Marketing Science, 2008, 36（1）: 1-10.

[189] VARGO S L, LUSCH R F. Evolving to a new dominant logic for marketing [J]. Journal of Marketing, 2004, 68（1）: 1-17.

[190] VARKI S, RUST R T. Technology and Optimal Segment Size [J]. Marketing Letters, 1998, 9（2）: 147-167.

[191] VRIES J D, SCHEPERS J, WEELE A V, et al. When do they care to share? how manufacturers make contracted service partners share knowledge [J]. Industrial Marketing Management, 2014（43）: 1225-1235.

[192] WAART D, STEVE K. 5 steps to service supply chain excellence [J]. Supply Chain Management Review, 2004, 8（1）: 28-35.

［193］WARD Y, GRAVES A. Through-life management: the provision of total customer solutions in the aerospace industry［J］. International Journal of Services Technology & Management, 2007, 8（6）: 455-477.

［194］WEBSTER F E. The Changing Role of Marketing in the Corporation［J］. Journal of Marketing, 1992, 56（4）: 1-17.

［195］WELD L D H. Marketing functions and mercantile organization［J］. American Economic Review, 1917, 7（2）: 306-318.

［196］WHEELER J. Managing the Customer Experience: Turning customers into advocates［J］. Springer Texts in Business & Economics, 2002: 27-52.

［197］WILLIAMSON O E. Markets and hierarchies: analysis and antitrust implications［M］. New York: Free Press, 1975.

［198］WILLIAMSON O E. The economic institutions of capitalism: firms, markets, relational contracting［M］. New York: Free Press, 1985.

［199］WINDAHL C, LAKEMOND N. Developing integrated solutions: The importance of relationships within the network［J］. Industrial Marketing Management, 2006, 35（7）: 806-818.

［200］WINDAHL C, ANDERSSON P, BERGGREN C, et al. Manufacturing firms and integrated solutions: characteristics and implications［J］. European Journal of Innovation Management, 2004, 7（3）: 218-228.

［201］WISE R, BAUMGARTNER P. Go downstream: the new profit imperative in manufacturing［J］. Harvard business review, 1999, 77（5）: 133-141.

［202］YLIMÄKI J. A dynamic model of supplier-customer product development collaboration strategies［J］. Industrial Marketing Management, 2014（43）: 996-1004.

［203］ZEITHAML V A, BITNER M J. Services marketing［M］. New York: McGraw-Hill, 1996.

［204］ZEITHAML V A, PARASURAMAN A, BERRY L L. Problems and strategies in services marketing［J］. Journal of Marketing, 1985（49）: 33-46.

［205］ZOTT C, AMIT R. Value creation in E-business［J］. Strategic Management Journal, 2001, 22（6-7）: 493-520.

［206］彼得·德鲁克. 管理的实践［M］. 齐若兰, 译. 北京: 机械工业出版社, 2006.

[207] 蔡惠如，黄伟彪.多层次构建展会产品竞争力［J］.经济论坛，2009（6）：121-122.

[208] 蔡卫民."论'会展+'发展新生态"［EB/OL］.http：//www.cces2006.org/index.php/Home/Index/detail/id/10469，2017-10-10.

[209] 曾萍，宋铁波.基于内外因素整合视角的商业模式创新驱动力研究［J］.管理学报，2014，11（7）：989-996.

[210] 陈献勇.会展企业提升核心竞争力对策研究［J］.商业研究，2010（5）：124-129.

[211] 陈祥峰，石代伦，朱道立.融通仓与物流金融服务创新［J］.科技导报，2005（9）：30-33.

[212] 菲利浦·科特勒.营销管理（第八版）［M］.梅清豪，译.上海：上海人民出版社，1996：72-89.

[213] 高传胜，刘志彪.生产者服务与长三角制造业集聚和发展［J］.上海经济研究，2005（8）.

[214] 郭彦丽，严建援.SaaS服务供应链的创新结构研究［J］.商业时代，2012（11）：30-32.

[215] 何强，刘涛.我国生产性服务业与制造业协同发展研究［J］.调研世界，2017（10）：3-9.

[216] 赫伯特·C.格鲁伯，迈克尔·A.沃克.服务业的增长［M］.陈彪如，译.上海：上海三联书店，1993.

[217] 侯汉坡，宋延军，祝明亮.基于双因素理论的城市会展业影响因素研究［J］.开发研究，2009（6）：63-66.

[218] 胡正华，宁宣熙.服务链概念、模型及其应用［J］.商业研究，2003（7）：111-113.

[219] 江积海，李琴.平台商业模式创新中链接属性影响价值共创的内在机理——Airbnb的案例研究［J］.管理评论，2016，28（7）：252-260.

[220] 李媛.会展新思路与盈利新模式探索［J］.国际市场，2014（4）：72-74.

[221] 刘邦凡，华继坤，詹国辉.京津冀区域经济一体化与河北沿海地区发展［J］.中国商贸，2013（34）：146-147.

[222] 罗珉，李亮宇.互联网时代的商业模式创新：价值创造视角［J］.中国工业经济，2015，57（1）：95-107.

［223］马歇尔. 经济学原理［M］. 北京：商务印书馆，2005.

［224］庞鹏，揭筱纹. 基于中小企业战略规划的战略能力研究［J］. 城市发展研究，2008，15（06）：143-145+142.

［225］宋华，陈金亮. 服务供应链战略互动与协同价值对合法性的影响［J］. 管理科学，2009，22（4）：2-11.

［226］宋华. 服务供应链［M］. 北京：中国人民大学出版社，2012.

［227］孙久文，邓慧慧，叶振宇. 京津冀区域经济一体化及其合作途径探讨［J］. 首都经济贸易大学学报，2008（02）：55-60.

［228］唐桂娟. 哈尔滨市会展业竞争力分析与对策研究［D］. 哈尔滨工业大学，2007.

［229］田宇. 物流服务供应链构建中的供应商选择研究［J］. 系统工程理论与实践，2003.

［230］王海涛，徐刚，恽晓方. 区域经济一体化视阈下京津冀产业结构分析［J］. 东北大学学报（社会科学版），2013（04）：367-374.

［231］王康周，江志斌，林文进，等. 服务型制造混合供应链管理研究［J］. 软科学，2013（5）.

［232］王青道. "资本如何对会议展览业产生影响"［EB/OL］. http://www.cces2006.org/index.php/Home/Index/detail/id/9535，2016-07-06.

［233］翁古小凤，熊健益. 我国生产性服务业发展统计分析［J］. 经济研究导刊，2016（30）：22-26.

［234］吴金明，张磐，赵曾琪. 产业链、产业配套半径与企业自生能力［J］. 中国工业经济，2005（2）：44-50.

［235］吴晓波，赵子溢. 商业模式创新的前因问题：研究综述与展望［J］. 外国经济与管理，2017，39（1）：114-127.

［236］肖挺，聂群华，刘华. 制造业服务化对企业绩效的影响研究——基于我国制造企业的经验证据［J］. 科学学与科学技术管理，2014，35（4）：154-162.

［237］徐国祥，常宁. 我国现代服务业统计分类标准的设计及应用研究［J］. 中国科技论文在线，2002.

［238］徐辉，林勋亮. 企业战略能力系统分析及其测度的模糊计算［J］. 社会科学家，2011（1）：63-67.

［239］徐佳宾. 经济发展、产业升级与市场形态［J］. 财贸经济，2007（03）：18-23.

［240］徐胜．产业集群与区域创新体系的融合研究［J］．当代财经，2007（1）：77-81.

［241］阳明明．香港的港口服务型供应链［J］．中国物流与采购，2006（10）.

［242］杨斌．战略能力多维分析模型构建［J］．生产力研究，2008（16）：52-54+70.

［243］杨春立，于明．生产性服务与制造业价值链变化的分析［J］．计算机集成制造系统，2008（01）：153-159.

［244］杨海昆．前行不能光靠胆儿——浅析中国会展业如何与资本市场对接［J］．中国会展，2013（19）：58-60.

［245］杨绍辉．从商业银行的业务模式看供应链融资服务［J］．物流技术，2005（10）：179-182.

［246］叶洪涛．对会展企业资本运营的探讨［J］．湖北经济学院学报（人文社会科学版），2006（6）：56-57.

［247］奥利弗·E.威廉姆森．反垄断经济学：兼并、协约和策略行为［M］．张群群，译．北京：商务印书馆，1999.

［248］常桦．迈克尔·波特完全竞争战略［M］．北京：中国纺织出版社，2003.

［249］张小军，石明明．基于产业链的产业势力模型研究［J］．当代经济科学，2009，31（4）：49-56.

［250］郑吉昌．服务业在浙江产业结构转型升级中的战略地位［J］．浙江树人大学学报，2005（02）：32-38.

［251］中国生产性服务业发展报告2007.

［252］中国展览经济发展报告2015.

［253］中国展览经济发展报告2017.

致　谢

我的恩师中国人民大学的宋华教授给予了我极大的支持，他关于服务供应链的探索以及对于企业长期的追踪调研触发了我对生产性服务业，特别是会展业服务战略的思考。中国人民大学于亢亢副教授，中央财经大学陈金亮副教授以及北京语言大学的王岚教授为本书中相关话题的深入研究提供了很大的帮助，甚至直接参与了部分章节的写作。我的学生万琳、于金晓、刘羽瑶女士为本书素材的收集、整理、统稿等付出了很多的努力。旅游教育出版社的郭珍宏女士为本书的出版做了大量的工作。在此一并向他们表示由衷的感谢。

生产性服务业，特别是会展业是一个快速变化的领域，因作者能力的局限，书中难免有错误和不足之处，欢迎批评指正。